Hobbit Presse
Klett-Cotta

PATRICK ROTHFUSS

Der WEG der WÜNSCHE

Aus dem Englischen von
Jochen Schwarzer

Klett-Cotta

MIX
Papier | Fördert gute Waldnutzung
FSC® C083411
www.fsc.org

Hobbit Presse
www.hobbitpresse.de
Die Originalausgabe erschien unter dem Titel
»The Narrow Road Between Desires« im Verlag DAW, New York 2023

Cover: Birgit Gitschier, Augsburg
unter Verwendung einer Illustration von © Melanie Korte
Gesetzt von Dörlemann Satz, Lemförde
Illustrationen: © Nate Taylor
Gedruckt und gebunden von CPI – Clausen & Bosse, Leck
ISBN 978-3-608-98774-4
Ebook ISBN 978-3-608-12255-8

Inhalt

Für meine süßen Jungs: Oot und Cutie.

Meine Lieblingsgeschichten sind die, die wir einander erzählen. Ihr seid das Beste in meinem Leben. Ihr hättet einen perfekten Vater verdient, aber ich bin sehr froh, dass ihr stattdessen mich habt.

Pat

Vorbemerkung

Du solltest dieses Buch vielleicht nicht kaufen.

Ich weiß, ein Schriftsteller sollte so etwas nicht sagen, aber ich bin lieber von vorneherein ehrlich zu dir.

Erstens solltest du, wenn du meine anderen Bücher noch nicht gelesen hast, nicht mit diesem beginnen.

Meine ersten beiden Bücher sind die Romane *Der Name des Windes* und *Die Furcht des Weisen*. Wenn du mal in meine Werke reinschnuppern möchtest, sind das die Bücher, zu denen du greifen solltest. Sie bilden die beste Einführung in meine Welt. Dieses Buch dreht sich um Bast, eine Figur aus jener Serie von Romanen. Und obwohl ich mir alle Mühe gegeben habe, hier eine in sich geschlossene Geschichte zu erzählen, wirst du, wenn du als erstes meiner Bücher dieses liest, viele Zusammenhänge wahrscheinlich nicht verstehen.

Zweitens solltest du – auch wenn du meine anderen Bücher bereits gelesen hast – wissen, dass diese Geschichte in einer frühen Fassung schon einmal an anderer Stelle erschienen ist. Das war vor langer, langer Zeit. Vor Covid. Als Twitter noch Spaß gemacht hat und die Welt noch grün und jung war. Mit anderen Worten: vor nicht ganz zehn Jahren.

Damals habe ich eine frühe Version dieser Geschichte unter dem Titel *Der Blitzbaum* in der Anthologie *Der Bruder des Königs* veröffentlicht (im englischen Original hieß sie *Rogues*). Da ich in meiner Nachbemerkung am Ende dieses Buchs etwas darüber erzähle, möchte ich an dieser Stelle nur sagen, dass die Version, die du hier in Händen hältst, eine vollkommen andere ist: Ich habe sie von Grund auf umgeschrieben und sie um über fünfzehntausend Wörter erweitert.

Wenn du *Der Blitzbaum* damals gelesen hast, kennst du diese Geschichte also in groben Zügen. Ich habe vieles daran geändert und vieles hinzugefügt, aber das Grundgerüst ist noch das Gleiche. Falls du also etwas vollkommen Neues suchst, wirst du hier nicht fündig werden.

Wenn du andererseits aber mehr über Bast erfahren möchtest, wird dir in diesem Buch viel geboten. Wenn du dich für die Tauschgeschäfte mit einem Fae interessierst und für die geheimen Wünsche, die man im Herzen tragen kann … Wenn du neugierig bist auf eine Magie, die in meinen anderen Büchern nur andeutungsweise vorkommt … Wenn du mehr darüber erfahren möchtest, was Bast in seiner freien Zeit in dem kleinen Ort Newarre so treibt …

Tja, dann ist dieses Buch vielleicht doch etwas für dich.

Morgendämmerung

Kunstfertigkeit

Bast hatte es fast schon zur Hintertür des Wirtshauses zum WEGSTEIN hinausgeschafft.

Genau genommen befand er sich bereits draußen: Er hatte beide Füße über die Schwelle gesetzt und die Tür bis auf einen Spalt hinter sich geschlossen.

Dann aber hörte er die Stimme seines Herrn und erstarrte. Er wusste genau, dass er keinerlei Lärm gemacht hatte. Er war mit jedem Laut, den das Wirtshaus von sich geben konnte, aufs Innigste vertraut und hatte nicht nur die simplen Tricks angewandt, die ein Kind für clever halten würde: die Schuhe in die Hand nehmen, knarrende Türen vorsorglich offen lassen, möglichst über den Teppich gehen …

Nein, das beherrschte Bast viel besser. Er konnte Räume durchqueren, ohne die Luft darin nennenswert in Bewegung zu versetzen. Er wusste, welche Treppenstufen leise ächzten, wenn es in der Nacht zuvor geregnet hatte, welche Fenster sich leicht öffnen ließen und welche Fensterläden dem Wind ausgesetzt waren. Er wusste, wann der Umweg über den Dachfirst leiser war als der direkte Weg den oberen Flur entlang.

Manchen Leuten hätte das genügt. Bast aber fand derlei Gelingen – wenn er es überhaupt mal zur Kenntnis nahm – sterbensöde. Sollten sich andere doch mit bloßem Können zufriedengeben. Bast hingegen? Der war ein Künstler.

Und deshalb wusste er auch, dass echte Stille im Grunde etwas Widernatürliches war. Dem achtsamen Ohr klang sie wie ein Messer im Dunkeln.

Daher spielte Bast, wenn er durch das leere Wirtshaus schlich, auf den Dielen wie auf einem Instrument. Ein Ächzen, ein Innehalten, ein leises Knacken, ein Knarren. Laute, die ein schlaftrunkener Gast eventuell bemerkt hätte, die ein Bewohner aber nicht einmal wahrnahm – gingen sie doch auf in dem behaglichen Hintergrundgeräusch, mit dem sich das Holzgefüge des Hauses immerfort setzte. Es waren Laute, die sich ebenso leicht ignorieren ließen wie die Regungen eines geliebten Menschen, der neben einem schlief.

Bast wusste all das und richtete den Blick auf die Tür. Obwohl er ihre Messingangeln stets gut geölt hielt, verlagerte er nun seinen Griff und hob die Tür vorsichtshalber ein wenig an. Erst dann schloss er sie ganz langsam. Selbst ein Nachtfalter hätte mehr Lärm gemacht.

Nun stand Bast aufrecht da und grinste; sein Gesicht wirkte ebenso hübsch wie durchtrieben und wild. In diesem Moment sah er weniger wie ein erwachsener Mann und mehr wie ein ungezogener Junge aus, der die Mondscheibe vom Himmel gestohlen hat und sie nun verspeisen will, als wäre sie ein flacher fahlsilberner Kuchen. Sein

Grinsen, scharf, weiß, gefährlich, hatte dabei selbst etwas von einer schmalen Mondsichel.

»Bast!«, tönte es wieder aus dem Wirtshaus, lauter diesmal. Es klang allerdings nicht ungehobelt, nein, sein Herr brüllte nicht wie ein Bauer, der seine Rinder ruft. Aber seine Stimme trug, wenn er wollte, weit wie ein Jagdhorn. Bast fühlte, wie sie an ihm zog, als hätte sich eine Hand um sein Herz gelegt.

Und so öffnete er mit einem Seufzer die Tür und ging mit forschen Schritten zurück ins Haus. Wenn er ging, sah es aus, als tanzte er. Bast war dunkel, groß und schön. Und selbst wenn er finster dreinschaute, war sein Gesicht immer noch hübscher als das anderer, wenn sie lächelten. »Ja, Reshi?«, rief er in munterem Ton.

Kurz darauf betrat der Gastwirt die Küche. Er trug eine saubere weiße Schürze und hatte rotes Haar. Aus seiner Miene sprach die behäbige Gelassenheit gelangweilter Gastwirte allüberall. Trotz der frühen Stunde sah er müde aus.

Er reichte Bast ein in Leder gebundenes Buch. »Das hättest du fast vergessen«, sagte er ohne Anflug von Sarkasmus.

Bast stellte eine überraschte Miene zur Schau. »Oh! Danke, Reshi!«

»Keine Ursache, Bast.« Der Mund des Wirts verzog sich zu einem Lächeln. »Und wenn du gehst: Könntest du bitte ein paar Eier mitbringen?«

Bast nickte und klemmte sich das Buch unter den Arm. »Sonst noch etwas?«, fragte er.

»Vielleicht auch ein paar Karotten? Ich denke, wir machen heute Abend Eintopf. Es ist Felling, also sollten wir uns auf allerhand Kundschaft einstellen.« Seine Mundwinkel hoben sich ein wenig, als er das sagte.

»Eier und Karotten«, wiederholte Bast pflichtbewusst.

Der Wirt wollte sich schon abwenden und hielt dann noch einmal inne. »Ach, übrigens: Der Sohn der Tilmans war gestern hier und hat dich gesucht.«

Bast neigte mit fragender Miene den Kopf zur Seite.

»Ich glaube, er ist Jessoms Sohn?«, fragte der Wirt und hielt eine Hand auf Brusthöhe. »Dunkles Haar? Sein Name war …« Er kramte sichtlich in seinem Gedächtnis.

»Rike.« Bast ließ den Namen fallen wie einen heißen Eisenklumpen und fuhr dann schnell fort, in der Hoffnung, dass sein Herr es nicht bemerkt hatte. »Tilmans sind die Holzfäller weiter südlich. Die haben keine Frauen oder Kinder. War es Rike Williams? Dunkle Augen. Schmuddelig?« Bast überlegte kurz, wie er den Jungen weiter beschreiben sollte. »Wirkte er nervös? So als wollte er zum Ausdruck bringen, dass er auf keinen Fall etwas klauen würde?«

Bei Letzterem hellte sich das Gesicht des Wirts auf, und er nickte. »Er hat gesagt, dass er dich sucht, aber eine Nachricht wollte er nicht hinterlassen …« Er hob eine Augenbraue und sah Bast vielsagend an.

»Ich habe nicht die geringste Ahnung, was er von mir will«, sagte Bast und wirkte dabei ganz aufrichtig. Und er war es auch. Bast wusste jedoch besser als jeder andere, was dieser Anschein wert war. Es war nicht alles Gold, was glänzte, und manchmal lohnte sich ein wenig Aufwand, um auch so zu wirken, wie man wirklich war.

Der Wirt nickte, gab noch einen nichtssagenden Laut von sich und ging in den Schankraum zurück. Falls er noch etwas sagte, bekam Bast es nicht mehr mit, denn er lief bereits leichtfüßig durch das taufeuchte Gras und das bezaubernde blaugraue Licht der Morgendämmerung.

Morgen

Embril

Als Bast eintraf, lugte die Sonne schon über die Bäume und färbte die wenigen zarten Wolken hellrosa und violett.

Zwei Kinder warteten bereits auf der Lichtung. Sie hielten sich respektvoll von der Hügelkuppe fern und spielten auf dem großen Graustein, der halb umgestürzt am Fuß des Hügels lag. Sie kletterten an einer Seite hinauf und sprangen lachend ins hohe Gras hinab.

Da Bast wusste, dass sie ihn beobachteten, ließ er sich beim Ersteigen des kleinen Hügels Zeit. Auf dessen Kuppe stand der Baum, den die Kinder den »Blitzbaum« nannten – von dem allerdings nur noch ein massiver, astloser Stamm übrig war. Ursprünglich musste der Baum einmal sehr groß gewesen sein, denn selbst dieser zerschmetterte Rest war noch so hoch, dass Bast kaum bis ans obere Ende reichen konnte.

Die Rinde war längst abgefallen, und die Sonne hatte das kahle Holz im Laufe der Jahre ausgebleicht. Nur ganz oben am Stamm war es auch nach all der Zeit noch tiefschwarz und schartig. Von der höchsten Stelle des Stammrests hinab hatte der Blitz ein wildes, dunkles, sich gabelndes Abbild seiner selbst in das knochenfahle Holz gebrannt, als wollte er sein Werk signieren.

Bast legte die Fingerspitzen der linken Hand an den glatten Stamm und schritt langsam um den Baum herum. Er ging gegen den Uhrzeigersinn, gegen den Lauf der Welt. Den Weg des Zerstörens. Dreimal.

Dann wechselte er die Hand und schritt in entgegengesetzter Richtung um den Baum herum, folgte also dem Lauf der Sonne. Drei langsame Kreise im Uhrzeigersinn. Der Weg des Erschaffens. So ging er, während die Kinder ihm zuschauten, hin und her, als wäre der Baum eine Spule, deren Garn er auf- und abwickelte.

Schließlich setzte sich Bast und lehnte sich mit dem Rücken an den Baum. Er legte das Buch auf einem nahen Stein ab, und die aufgehende Sonne tauchte die geprägte Goldschrift des Titels in ihr rotes Licht: *Celum Tinture*. Dann zerstreute er sich damit, Steinchen in den Bach zu werfen, der dem Graustein gegenüber die Hügelflanke durchschnitt.

Es dauerte eine Minute, dann kam ein pausbäckiges blondes Mädchen den Hügel heraufgestapft. Sie hieß Brann und war die jüngste Tochter des Bäckers. Sie roch nach Schweiß und Brot und … noch etwas anderem. Etwas, das nicht hierhergehörte.

Die langsame Annäherung des Mädchens hatte etwas von einem Ritual. Sie erstieg den kleinen Hügel und blieb kurz stehen. In diesem Moment waren nur noch die anderen Kinder zu hören, die sich unten auf der Lichtung wieder ihrem Spiel widmeten.

Schließlich wandte Bast den Kopf und musterte das Mädchen. Sie war höchstens neun Jahre alt und ein wenig besser gekleidet und wohlgenährter als die meisten anderen Kinder des Dorfes. Sie hielt ein weißes Tuch in der Hand.

Dann trat das Mädchen ängstlich schluckend einen Schritt vor. »Ich brauche eine Lüge«, sagte sie.

Bast nickte mit ungerührter Miene. »Und was für eine?«

Brann öffnete zaghaft die Hand, und dabei kam auf dem weißen Tuch ein roter Fleck zum Vorschein. Das Tuch, das sich nun als behelfsmäßiger Verband herausstellte, haftete auch ein wenig an der Hand. Bast nickte, und ihm wurde klar, was er da zuvor gerochen hatte.

»Ich hab mit den Messern meiner Mama gespielt«, sagte Brann verlegen.

Bast streckte eine Hand aus, und das Mädchen kam ein paar Schritte näher. Bast löste mit seinen langen Fingern das Tuch und untersuchte die Schnittwunde. Sie verlief in Daumennähe über den Handteller und war nicht allzu tief. »Tut es sehr weh?«

»Nicht so weh wie die Tracht Prügel, die ich kriege, wenn sie rausfindet, dass ich mit ihren Messern gespielt habe«, murmelte Brann.

Bast sah sie an. »Hast du das Messer sauber gemacht und zurückgelegt?«

Brann nickte.

Bast tippte sich nachdenklich an die Lippen. »Du dachtest, du hättest eine große schwarze Ratte gesehen. Die hat dir Angst eingejagt. Darum hast du ein Messer nach ihr geworfen, und dabei hast du dich geschnitten. Gestern hat dir eins der anderen Kinder eine Geschichte erzählt, in der es darum ging, dass Ratten den Soldaten, während sie schlafen, die Ohren und Zehen abknabbern. Davon hast du Albträume bekommen.«

Brann schauderte. »Und wer hat mir diese Geschichte erzählt?«

Bast tat die Frage mit einem Achselzucken ab. »Such dir jemanden aus, den du nicht magst.«

Das Mädchen grinste boshaft.

Nun begann Bast, die einzelnen Punkte an den Fingern abzuzählen. »Schmier ein wenig frisches Blut an das Messer, bevor du es wirfst.« Er zeigte auf das Tuch, das sich das Mädchen um die Hand gewickelt hatte. »Das musst du loswerden. Das Blut darauf ist schon trocken und offensichtlich nicht frisch. »Kannst du ordentlich weinen?«

Das schien das Mädchen ein wenig in Verlegenheit zu versetzen, und sie schüttelte den Kopf.

»Streu dir etwas Salz in die Augen«, sagte Bast ganz sachlich. »Und vielleicht auch ein wenig Pfeffer in die Nase. Sieh zu, dass du ganz verrotzt und verheult bist, bevor du zu deinen Eltern rennst. Und dann …«, sagte er und hob mahnend den Zeigefinger, »solltest du möglichst *nicht* weinen. Nicht mal schniefen oder blinzeln. Wenn sie dich nach deiner Hand fragen, sagst du deiner Mama, dass es dir leidtut, falls du ihr Messer kaputt gemacht hast.«

Brann hörte zu und nickte, erst langsam, dann schneller. Schließlich lächelte sie. »Das ist gut.« Sie schaute sich nervös um. »Was bin ich dir schuldig?«

»Kennst du irgendwelche Geheimnisse?«, fragte Bast.

Die Bäckerstochter dachte kurz nach. »Die Witwe Creel hat was mit dem Mann der Müllerin …?«, versuchte sie es.

Bast winkte energisch ab, als wollte er eine Fliege verscheuchen. »Schon seit Jahren. Das ist kein Geheimnis«, sagte er abweisend. »Das weiß jeder, sogar seine Frau.« Er rieb sich die Nase. »Was hast du denn in deinen Taschen?«

Das Mädchen kramte darin herum und zeigte es dann mit ihrer unversehrten Hand vor: ein Knäuel Schnur, zwei Eisen-Scherflein, ein flacher grüner Stein, ein blauer Knopf und ein Vogelschädel.

Bast nahm die Schnur und hob mit spitzen Fingern den grünen Stein unter den anderen Dingen hervor, wobei er sehr darauf achtete, die Scherflein nicht zu berühren. Der Stein war unregelmäßig geformt und mit dem Gesicht einer schlafenden Frau verziert. »Ist das etwa ein Embril?«, fragte er mit erstauntem Blick.

Brann zuckte die Achseln. »Sieht für mich wie ein Teil von einem Telgim-Set aus. Das nimmt man zum Wahrsagen.«

Bast hielt den Stein ins Licht. »Wo hast du den her?«

»Von Rike, wir haben getauscht«, sagte Brann. »Er meinte, es wäre ein Ordal, aber …«

Basts Augen verengten sich, als der Name des Jungen fiel, und sein Mund verzog sich zu einem Strich.

Da bemerkte Brann ihren Fehler und verstummte. Ihr Blick huschte ängstlich hin und her. »Äh …« Sie fuhr sich nervös mit der Zunge über die Lippen. »Du hast mich gefragt …«

Mit säuerlicher Miene sah Bast auf den Stein hinab, als hätte der mit einem Mal angefangen zu stinken. Kurz spielte er mit dem Gedanken, ihn aus reiner Bosheit in den Bach zu werfen.

Dann überlegte er es sich jedoch anders und schnippte ihn stattdessen wie eine Münze empor. Er fing ihn wieder auf, und als er die Hand öffnete, lag die andere Seite des Steins oben. Die Frau hatte die Augen geöffnet und lächelte.

Bast rieb den Stein nachdenklich zwischen den Fingern. »Dann also den hier. Und jeden Tag ein süßes Brötchen, eine ganze Spanne lang.«

»Den Emerel – oder was es auch ist«, sagte Brann, *»und* die Schnur, die du genommen hast, und ich bringe dir heute noch ein Brötchen, und zwar ein ofenwarmes.« Brann blickte entschlossen, hob aber zum Ende des Satzes hin doch ein wenig die Stimme an.

»Zwei Brötchen«, konterte Bast. »Aber nur welche mit Ahornsirup – nicht mit Melasse.«

Nach kurzem Zögern nickte das Mädchen. »Und was ist, wenn ich trotzdem eine Tracht Prügel bekomme?«, fragte sie.

»Das ist deine Angelegenheit«, sagte Bast mit einem Achselzucken. »Du wolltest eine Lüge. Ich habe dir eine gute Lüge geliefert. Wenn du willst, dass ich dir persönlich aus der Patsche helfe, wäre das ein ganz anderes Geschäft.«

Die Bäckerstochter sah ein wenig enttäuscht drein, machte dann aber kehrt und ging den Hügel hinab.

Als Nächster kam einer der Alard-Jungs den Hügel herauf. Es gab unzählige von ihnen, die aus mehreren Familien stammten, die sich beständig neu miteinander verquickten. Sie sahen sich alle so ähnlich, dass Bast sie kaum auseinanderhalten konnte.

Der hier schaute so wütend, wie nur zehnjährige Jungen es können. Er trug zerlumpte, selbstgenähte Sachen, hatte eine aufgeplatzte Lippe und eine Blutkruste um ein Nasenloch herum. »Ich hab meinen Bruder hinter der alten Mühle erwischt, wie er Grett geknutscht hat!«, sagte der Junge, als er oben angelangt war, ohne Basts Frage abzuwarten. »Und dabei wusste er genau, dass ich Grett mochte!«

Bast breitete mit einem hilflosen Achselzucken die Hände.

»Rache!«, spie der Junge.

»Rache vor allen anderen?«, fragte Bast. »Oder heimliche Rache?«

Der Junge legte sich kurz die Zungenspitze an die aufgeplatzte Lippe. »Heimliche«, sagte er leise.

Diese Geste half Bast auf die Sprünge: Der Junge hieß Kale. Er hatte einmal bei einem Tauschgeschäft versucht, Bast zwei Frösche anzudrehen für »einen Fluch, der jemanden für immer und ewig furzen lässt«. Die Verhandlungen waren zusehends hitzig verlaufen und letztlich gescheitert. Der Junge besaß ungefähr die Intelligenz einer mittelgroßen Schale Hafergrütze, doch Bast kam nicht umhin, ihn auf widerwillige Weise zu bewundern.

»Und wie groß soll die Rache sein?«, fragte Bast.

Der Junge grübelte einen Moment lang und hielt dann die Hände etwa einen halben Meter auseinander. »So groß.«

»Hm«, machte Bast. »Und auf einer Skala von Maus bis Stier?«

Der Junge rieb sich kurz die Nase. »Ungefähr so wie eine Katze«, sagte er. »Oder vielleicht eher wie ein Hund. Aber nicht wie die Hunde vom verrückten Martin. So wie die Hunde von den Bentons.«

Bast legte für einen Moment nachdenklich den Kopf in den Nacken. »Also gut«, sagte er. »Pinkle in seine Schuhe.«

Der Junge blickte skeptisch. »Das klingt aber nicht nach Rache groß wie ein Hund.«

Bast machte mit der Hand, in der er den grünen Stein hielt, eine beschwichtigende Geste. »Du pinkelst in einen Becher, und den versteckst du. Lass ihn ein oder zwei Tage lang stehen. Und eines Abends, wenn er seine Schuhe vor dem Kamin abgestellt hat, gießt du die Pisse hinein. Aber mach keine Pfütze, gieß nur so viel hinein, dass sie ein wenig feucht werden. Bis zum nächsten Morgen sind sie dann wieder trocken und werden wahrscheinlich nicht mal stinken …«

»Und was soll das?«, platzte Kale heraus und riss empört die Hände hoch. »Das ist ja nicht mal Rache groß wie ein Floh!«

Bast fuhr ungerührt fort, als hätte der Junge nichts gesagt. »Das machst du an drei Abenden hintereinander. Lass dich nicht dabei erwischen. Und übertreib es nicht. Mach die Schuhe immer nur so feucht, dass sie bis zum Morgen wieder trocken sind.«

Kale war drauf und dran, ihn erneut zu unterbrechen, doch Bast hielt ihn mit erhobener Hand zurück. »Jedes Mal wenn er dann anschließend in seinen Schuhen schwitzt, wird er ein wenig nach Pisse stinken.« Bast beobachtete Kales Gesicht, während er fortfuhr. »Er tritt in eine Pfütze? Er stinkt ein wenig nach Pisse. Seine Füße werden vom Morgentau feucht? Er stinkt ein wenig nach Pisse.«

»Nur ein wenig?«, fragte Kale verblüfft.

Bast seufzte theatralisch. »Dadurch wird er es anfangs überhaupt nicht bemerken, und wenn doch, wird er nicht verstehen, woher es kommt. Und weil es nur ein wenig stinkt, wird er sich daran gewöhnen.«

Der Junge schaute nachdenklich.

»Und du weißt ja: Abgestandene Pisse stinkt im Laufe der Zeit immer schlimmer. Er selbst wird sich daran gewöhnen, aber andere Leute nicht.« Nun grinste Bast den Jungen an. »Und ich denke mal, Grett wird einen Jungen, der sich ständig einpinkelt, schon bald nicht mehr küssen mögen.«

Auf dem Gesicht des Jungen machte sich Bewunderung breit, als ginge darauf die Sonne auf. »Das ist echt das Fieseste, was ich je gehört habe«, sagte er.

Bast versuchte, sich bescheiden zu geben, scheiterte aber. »Hast du auch etwas für mich?«

»Ich habe einen wilden Bienenstock entdeckt«, sagte der Junge.

»Das ist doch schon mal ein Anfang«, sagte Bast. »Und wo?«

»Hinter dem Hof der Orissons und am Kleinbach vorbei.« Der Junge hockte sich hin und zeichnete mit ein paar schnellen Strichen eine erstaunlich deutliche Wegskizze in den Boden. »Siehst du?«

Bast nickte. »Sonst noch etwas?«

»Na ja …« Der Junge hob den Blick und schaute seitwärts. »Ich weiß, wo der verrückte Martin seine Brennerei hat.«

Bast hob die Augenbrauen. »Tatsächlich?«

Der Junge trat einen Schritt beiseite, hockte sich wieder hin und erweiterte die Wegskizze. »Du musst den Bach an diesem Abschnitt zweimal überqueren«, sagte er. »Dann musst du um diesen großen Felsen herumgehen, denn wie es aussieht, kann man da nicht raufklettern. Aber es gibt einen kleinen Pfad, den man auf den ersten Blick nicht sieht.« Er zeichnete noch eine Linie in den Boden und sah dann mit zusammengekniffenen Augen zu Bast hinauf. »Sind wir damit quitt?«

Bast prägte sich die Wegskizze ein und verwischte sie anschließend mit der Hand. »Ja, wir sind quitt.«

»Ich soll dir auch noch was ausrichten«, sagte der Junge, erhob sich und klopfte sich die Knie ab. »Rike will dich sehen.«

Basts Mund verzog sich wieder zu einem blutleeren Strich. »Rike kennt die Regeln«, sagte Bast in grimmigem Ton, und allein schon den Namen auszusprechen, schien sich für ihn anzufühlen, als steckte ihm eine Fischgräte in der Kehle fest. »Sag ihm: nein.«

»Ich hab ihm schon gesagt, dass du nicht willst«, sagte Kale mit einem übertriebenen Achselzucken. »Aber dann sage ich es ihm eben noch mal, wenn ich ihn sehe …«

Etwas später klemmte sich Bast das *Celum Tinture* unter den Arm und brach zu einem ausgedehnten Spaziergang auf. Er entdeckte wilde Himbeeren und naschte sie frisch vom Strauch. Dann schwang er sich über einen Zaun, um aus dem Brunnen der Ostlars zu trinken und ihren Hund zu streicheln. Er fand einen interessanten Stock und stocherte damit in der Gegend herum – bis er damit ein Hornissennest herunterstieß, das doch nicht so verlassen war, wie er gedacht hatte. Auf seiner wilden Flucht verlor er den Stock, rutschte auf einem Hang voller Geröll aus und riss sich dabei am Knie die Hose auf.

Schließlich kletterte Bast auf einen Felsen, auf dem sich eine uralte, weitverzweigte Stechpalme in den Himmel reckte. Er verstaute das in Leder gebundene Buch sorgsam in einer Astgabel und griff vorsichtig in eine runde Vertiefung in dem Baumstamm. Kurz darauf zog er ein kleines dunkles Bündel daraus hervor, das in seine Handfläche passte.

Als er das Bündel auseinanderfaltete, entpuppte es sich als Beutel aus weichem, dunklem Leder. Bast löste die Kordel und ließ den glatten grünen Embril in den Beutel gleiten. Ein gedämpftes *Klack* war zu hören wie von Murmeln, die aneinanderprallen.

Er wollte den Beutel schon zurücklegen, entschied sich dann aber anders und ließ sich im Schneidersitz vor dem Baum nieder. Indem er Laub und Zweige beiseiteschob, räumte er ein Stück Erdboden frei. Er fuhr mit einer Hand in den Beutel und rührte langsam darin herum – wobei die darin enthaltenen Holz-, Stein- und Metalldinge ein sonderbares, vielgestaltiges Geräusch von sich gaben.

Bast schloss die Augen, hielt den Atem an, zog etwas aus dem Beutel hervor und warf es in die Luft.

Er öffnete die Augen wieder und sah vier Embrils zu Boden fallen. Drei von ihnen bildeten dort ein ungefähres Dreieck: ein Stück helles Horn, in das eine Mondsichel geschnitzt war, ein Tonscheibchen mit einer stilisierten Welle darauf und ein Stück einer Kachel, das mit einem tanzenden Flötenspieler bemalt war. Außerhalb des Dreiecks lag etwas, das wie eine halbe Eisenmünze aussah, aber keine war.

Bast sah mit leicht gerunzelter Stirn auf all das hinab. Dann schloss er die Augen wieder, hielt den Atem an, zog noch etwas aus dem Beutel und warf es in die Luft. Dieser Embril landete zwischen denen aus Horn und Ton: ein flaches weißes Holzstück, in das eine Spindel geschnitzt war, und zwar so, dass die Holzmaserung an der entsprechenden Stelle wie aufgewickelter Faden wirkte.

Bast runzelte die Stirn. Er sah zum Himmel hinauf, der klar und heiter war. Es ging kaum Wind. Es war warm, aber nicht heiß. Es hatte seit einer ganzen Spanne nicht mehr geregnet. Bis zur Mittagszeit an diesem Felling war es noch Stunden hin. Es war kein Markttag …

Er nickte und tat die einzelnen Stücke schnell in den Beutel zurück. Dann ging er weiter, vorbei am Haus des alten Lant und um die Dornensträucher herum, die am Rande der Alard-Farm wuchsen, bis er zu einem sumpfigen Abschnitt des Kleinbachs kam. Dort schnitt er mit einem kleinen, blanken Messer eine Handvoll Schilfrohre zurecht, die er mit einem Stück Schnur, das er in seiner Tasche fand, flink zu einer kleinen Panflöte band.

Er blies über die Rohre und neigte angesichts des lieblichen Misstons den Kopf. Sein Messer blitzte ein weiteres Mal auf, und dann probierte er es erneut. Nun klangen fast alle Rohre richtig, was den noch verbliebenen Misston weit krasser wirken ließ. Ein lehrreicher Umstand.

Die Klinge sauste einmal, zweimal, dreimal hernieder. Ohne die Flöte noch einmal zu erproben, steckte Bast sein Messer wieder ein. Er betrachtete die Stelle an seinem Finger, an der die Klinge einen feinen Schnitt wie von einem Grashalm hinterlassen hatte. Nun erst quoll das Blut mohnblumenrot hervor.

Bast steckte sich den Finger in den Mund, hielt sich die Flöte vors Gesicht und atmete das feuchtgrüne Aroma des Schilfs tief durch die Nase ein. Er befeuchtete sich die Lippen und leckte über die frisch geschnittenen Rohrkanten, das Flackern seiner Zunge ein plötzliches, verblüffendes Rot.

Dann holte er tief Luft und blies auf der Flöte. Diesmal war der Klang hell wie Mondschein. Lebhaft wie ein springender Fisch. Süß wie gestohlene Früchte. Als er die Flöte wieder senkte, hörte er in der Ferne leises, stumpfsinniges Schafsgeblöke.

Auf der nächsten Hügelkuppe angelangt, erblickte Bast

drunten im Tal zwei Dutzend dicke, dumme grasende Schafe. Das Tal war schattig und abgelegen. Dank der steilen Hänge konnten sich die Schafe nicht verlaufen, und daher brauchte man nicht groß auf sie aufzupassen. Selbst der Hütehund hatte es sich auf einem warmen Felsen bequem gemacht und döste dort vor sich hin.

Ein junger Mann saß unter einer ausladenden Ulme, die das Tal überblickte, und seinen Hirtenstab hatte er an ihren Stamm gelehnt. Er hatte sich die Schuhe von den Füßen gestreift und die Hutkrempe tief über die Augen gezogen. Er trug eine grüne weite Hose und ein leuchtend gelbes Hemd, das gut zur prachtvollen Bräune seines Gesichts und seiner Arme passte. Sein langes, kräftiges Haar hatte die Farbe von reifem Weizen.

Bast begann auf seiner Panflöte zu spielen, während er den Hügel hinabging. Eine gefährliche Melodie, leise und langsam und verstohlen wie eine sanfte Brise.

Der Hirte merkte auf, als er sie hörte. Er hob angeregt den Kopf … aber nein. Anscheinend hatte er etwas anderes gehört, denn er schaute überhaupt nicht in Basts Richtung.

Doch immerhin erhob er sich. Und obwohl es nicht sonderlich heiß war, fächelte er sich mit seinem Hut Luft zu, zog sich langsam das gelbe Hemd aus und wischte sich einmal damit über die Stirn, bevor er es an einem Ast aufhängte. Dann streckte er sich, wobei sich seine Hände hoch über seinem Kopf umschlangen und er seine Schulter- und Rückenmuskulatur spielen ließ.

Basts Melodie änderte sich ein wenig, wurde hell und heiter wie über Steine plätscherndes Wasser.

Der Hütehund hob den Kopf, als er das hörte, spähte

kurz zu Bast hinüber und streckte sich wieder, nicht im Mindesten interessiert, auf seinem warmen Felsen aus.

Der Hirte hingegen ließ sich nicht anmerken, dass er es hörte. Er nahm jedoch eine Decke zur Hand und breitete sie unter dem Baum aus – was ein wenig seltsam war, da er zuvor an derselben Stelle ohne Decke gesessen hatte. Vielleicht war ihm, nachdem er das Hemd ausgezogen hatte, ein wenig kühl geworden … Ja, das musste es sein.

Bast blies weiter auf seiner Flöte, während er den Hang hinabging. Und die Musik, die er machte, war zugleich träge und lieblich und verspielt.

Der Hirte ließ sich auf der Decke nieder, lehnte sich zurück und schüttelte leicht den Kopf. Dabei fiel ihm das lange honigfarbene Haar von den Schultern und gab den Blick frei auf die schöne Linie seines Halses von dem ebenmäßig muschelförmigen Ohr bis hinab auf seine breite Brust.

Bast sah dem aufmerksam zu, während er den Hang hinabging. Dann aber trat er auf einen losen Stein und stolperte. Dabei blies er einen quietschenden Ton und ließ ein paar Noten seines Lieds aus, während er mit wild ruderndem Arm das Gleichgewicht zu wahren versuchte.

Da lachte der Hirte. Im ersten Moment schien es, als lachte er über Bast … aber nein. Dem war offenbar nicht so, denn er blickte eindeutig in die andere Richtung. Und er hielt sich auch eine Hand vor den Mund. Wahrscheinlich hatte er nur gehustet. Oder vielleicht hatten die Schafe irgendwas Lustiges angestellt. Ja, so war es bestimmt. Sie konnten ja manchmal urkomische Viecher sein.

Doch Schafe kann man nun mal nicht beliebig lange betrachten. Schließlich seufzte der Hirte und streckte sich auf der Decke aus. Er legte sich einen Arm hinter den Kopf und ließ dabei seine Arm- und Schultermuskeln spielen. Er streckte sich träge und wölbte dabei ein wenig den Rücken. Der durchs Laub schillernde Sonnenschein brachte den honigfarbenen Flaum auf seiner kräftigen Brust und seinem flachen Bauch bestens zur Geltung.

Bast ging mit anmutigen Schritten weiter den Hügel hinab und auf den Hirten zu. Er wirkte wie eine sich anschleichende Katze. Und er sah aus, als würde er tanzen.

Der Hirte seufzte erneut und schloss die Augen, sein Antlitz wie eine Blüte der Sonne zugewandt. Er sah nun aus, als versuchte er zu schlafen, doch dafür ging sein Atem zu schnell. Er regte sich unruhig, fuhr sich mit einer Hand durchs Haar und breitete es neben sich auf der Decke aus. Dann biss er sich auf die Unterlippe …

Es ist gar nicht so einfach zu grinsen, während man Panflöte spielt. Doch auch darin war Bast ein ziemlicher Künstler.

Früher Vormittag

Der schmale Grat

Die Sonne war schon etwas höher gestiegen, als Bast zum Blitzbaum zurückkehrte. Er war auf angenehme Weise verschwitzt, und sein Haar war ein wenig zerzaust, aber das aufgerissene Knie seiner Hose war mit kleinen, gleichmäßigen Stichen geflickt. Zwar hob sich der weiße Faden von dem dunklen Stoff ab, doch die Naht war geschickt in Form eines Hirtenstabs gesetzt, und ein Stück weiter das Hosenbein hinauf war nun ein kleines flauschiges Schaf aufgestickt.

Da keine Kinder warteten, umrundete Bast den Baum schnell je einmal in beide Richtungen, um sicherzustellen, dass seine Vorkehrungen noch hielten. Er holte den Lederbeutel hervor, setzte sich mit dem Rücken an den Baum und vollführte eine Ziehung.

Als er die Hand öffnete, erblickte er zu seinem Erstaunen einen Embril, der wie eine zerbrochene Münze aussah. Irritiert steckte er ihn wieder zurück und zog erneut. Diesmal wirkte er erfreut, als er ein kleines rechteckiges Holzplättchen in der Hand hielt, auf dem ein winziger schlafender Fuchs aufgemalt war.

Bast versuchte sich den hölzernen Embril wie eine Münze über die Fingerknöchel laufen zu lassen, was ihm aber nicht gelang. Dann schnippte er ihn mit dem Daumen in die Luft, fing ihn wieder auf und klatschte ihn auf sein Handgelenk, wobei erneut der schlafende Fuchs zum Vorschein kam. Lächelnd lehnte er den Kopf an den glatten weißen Stamm des Blitzbaums und schlief im Handumdrehen leise schnarchend ein.

Bast wachte davon auf, dass jemand den Hügel heraufstapfte. Schlaftrunken blinzelnd prüfte er den Stand der Sonne und streckte sich. Als er einen blauäugigen Jungen mit Sommersprossen erblickte, lächelte er.

»Kostrel!«, rief Bast fröhlich. »Wie ist die Straße nach Tinuë?«

»Alles bestens!«, sagte der Junge und erwiderte das Lächeln. Als er auf der Hügelkuppe angelangt war, zeigte sich, dass er ausgetretene Stiefel trug, die ihm ein wenig zu groß waren. Er warf Bast einen verschmitzten Blick zu und senkte verschwörerisch die Stimme. »Ich hab was für dich.«

Bast rieb sich theatralisch erfreut die Hände.

»Also, eigentlich …«, fuhr Kostrel ebenfalls ein wenig theatralisch fort, »… hab ich heute sogar *drei* Dinge für dich.« Er sah sich beiläufig um, wobei sein Blick über den Fuß des Hügels schweifte, wo gegenwärtig keine Kinder warteten. »Vorausgesetzt, du hast gerade Zeit. Ich weiß, du bist ja immer sehr beschäftigt …«

Bast streckte sich träge, um ein wenig Zeit zu gewinnen. Kostrel feilschte wie ein freundlicher Efeu, stets darauf bedacht, auch noch die kleinste Lücke zu finden, an der er ansetzen konnte. Bast war nicht so dumm, ihm auch nur einen minimalen Vorteil zu verschaffen, indem er ihn nun gefragt hätte, was er mitgebracht hatte.

Er wollte jedoch auch Zeit gewinnen, um sich Kostrel etwas genauer anzusehen, denn er spürte, dass da etwas nicht ganz stimmte. Waren seine Schultern angespannt? Lächelte er ein wenig breiter? War der Junge nervös – oder einfach nur ein wenig aufgeregter als sonst?

»So ist das, wenn man den Leuten gibt, was sie brauchen«, sagte Bast langsam, in Kostrels gleichmütigen Ton einstimmend. »Dann müssen sie nicht wiederkommen, um sich mehr davon zu holen.«

Bast verkniff sich ein Lächeln und sagte weiter nichts. Er sah, wie Kostrel an einem losen Faden an seinem Hemdsärmel nestelte und auf den Fußballen wippte. Der Junge war zwar schlau, aber doch noch sehr grün hinter den Ohren. Er war also nicht nervös, sondern eher begierig. Er musste etwas Gutes zum Tauschen haben.

Es dauerte kaum zwei Atemzüge, da hielt Kostrel es nicht mehr aus und meldete sich wieder zu Wort. »Als Erstes haben wir da ein Geschenk«, sagte er, griff mit großer Geste in seine Tasche und zog die geschlossene Faust wieder hervor, in der sich etwas verbarg.

»Auf Geschenke lege ich im Allgemeinen keinen Wert«, sagte Bast in skeptischem Ton. Dennoch blieb sein Blick auf Kostrels ausgestreckte Faust fixiert.

Kostrel bewegte sie neckend hin und her. Dazu wackelte er auch noch auf lächerliche Weise mit den Augenbrauen.

Bast lächelte, als er den altbekannten Drang in sich spürte. Er war kein weiser Mann, hatte sich aber oft genug die Finger verbrannt, und die Vorsicht war die kleine Cousine der Weisheit. Dennoch war seine Neugierde geweckt …

Aber nein. Bast hatte nicht die geringste Lust, sich in irgendeiner Weise binden zu lassen. Schon ein Fingerhut Verpflichtung wurmte ihn gewaltig. Und sei es einem so sonnigen Sommerkind wie diesem gegenüber.

Andererseits … war dies ja mit ziemlicher Sicherheit nichts Gefährliches. Nur irgendeine Kleinigkeit. Ein Knopf. Ein seltsamer Zahn, auf den er beim Buddeln gestoßen war. Ein Kreisel. Ein interessanter Stein, der ein wenig wie ein Hund geformt war. Solche Geschenke anzunehmen, konnte ja eigentlich nicht schaden. Die Schuld, die damit verbunden war, wog leichter als eine Stecknadel …

Doch was, wenn der Knopf aus einem Knochen gefertigt war? Was, wenn sich in dem Stein ein Rubin verbarg? Was, wenn das kleine Spielzeug einst geliebt worden war? Gehegt und gepflegt, über Generationen hinweg? Voller Liebe von Hand zu Hand weitergereicht, schwer wie eine Fessel aus Gold?

Nein. Kam nicht infrage. Dieses Risiko war es einfach nicht wert.

Und so widerstand Bast. Er schüttelte den Kopf, lehnte sich zurück und verschränkte die Arme vor der Brust. Dennoch huschte sein Blick, flink wie die Zunge einer Schlange, immer wieder kurz zur Hand des Jungen.

Kostrel begann nun, in einem improvisierten Tanz hin und her zu wippen. Dabei summte er und hob und senkte die Augenbrauen. Er wackelte mit den Hüften und wedelte mit der Faust, die er Bast immer noch aufreizend hinhielt.

Kostrel war ja nicht ohne Grund sein kleiner Liebling: Er verkörperte eine unschlagbare Mischung aus Klugheit und Narretei. Er sah so lächerlich aus, dass Bast schließlich lachend nachgab. »Aber für dich kann ich ja mal eine kleine Ausnahme machen …«

Und so streckte Bast – gegen seinen Willen und wider besseres Wissen und nur seinem Herzen folgend – die Hand aus und hielt sie unter die Faust des Jungen.

Und Kostrel hörte auf herumzukaspern und öffnete seine Faust. Ein Stückchen Metall fiel heraus. Eine kleine Träne blitzte trudelnd im Sonnenschein auf …

Sie landete, leicht wie Laub, auf Basts Handteller. Und es traf ihn wie ein Ambossschlag mitten ins Herz. Es raubte ihm den Atem, als wäre er tief unter Wasser gestoßen worden. Er war wie betäubt, so als wäre aus dem klaren blauen Himmel erneut ein Blitz in den Baum hinter ihm eingeschlagen.

Basts Sicht trübte sich. Die ganze Welt wurde erst grau und dann fast schwarz, bis schließlich nur noch von dem kleinen tränenförmigen Messingstück in seiner Hand, das vom Sonnenschein berührt worden war, Licht ausging. Ehe er mehr sehen konnte, schlossen sich seine Finger darüber, wie von einem plötzlichen Krampf gepackt.

Schlagartig war die Welt wieder da. Licht und Farbe. Wind. Der Geruch von Gras.

Noch ein wenig benommen vergewisserte sich Bast, dass sein Gesicht eine Maske geblieben war. Ja, sie war intakt. Er stellte sicher, dass sein wahrer Blick und was er wirklich empfand, nicht darunter zu sehen waren. Dann versah er seine Maske mit einem Hauch von Neugier, indem er eine Augenbraue ein klein wenig hob.

Kostrel beobachtete ihn aufmerksam, und Basts erster Gedanke war, dass die schnellste Methode, den Trick des gerissenen kleinen Scheißkerls zu kontern, darin bestünde, ihm die Gurgel rauszureißen und ihn den Hügel runterzuschmeißen. Er würde auf dem Felsvorsprung aufprallen und von dort in den Bach darunter fallen. Das wollte er doch mal sehen, wie diese gehässige kleine Giftschlange dann noch seinen Namen rufen wollte – ohne Stimme, mit zerschmettertem Rückgrat und einer Lunge, die sich rasch mit sprudelndem Wasser füllte …

Doch das konnte er natürlich nicht machen. Das war das erste von vielen Dingen, die er nun nicht mehr tun durfte, nachdem er so dumm gewesen war, ein Geschenk anzunehmen, ohne zu wissen, worum es sich dabei handelte, und ohne zu wissen, was für eine Verpflichtung er sich damit aufhalste und wie schwer ihm davon ums Herz würde. Ein ungesehenes Geschenk – als wäre er ein blutjunger Dennerling.

»Ich dachte, du hast so was vielleicht noch nicht gesehen«, sagte Kostrel mit einem Quäntchen Süffisanz und zwei Quäntchen Ergötzen.

Nun begann Bast, innerlich vor Wut zu kochen. Doch der Gesichtsausdruck des Jungen … Irgendwas stimmte da nicht. Die Falle war zugeschnappt, aber Kostrel war keinerlei Schadenfreude anzumerken. Und auch keine Erleichterung. Keine Begeisterung darüber, dass sein Trick funktioniert hatte. Kostrels Gesichtsausdruck passte einfach nicht dazu. Ein angehender Tarsus hätte sich jetzt wenigstens das Kinn kraulen und ein wenig lachen sollen – oder zumindest den Anstand besitzen, selbstzufrieden dreinzuschauen …

Mit vorsichtigen Bewegungen, sodass seine Maske bloß nicht verrutschte, versuchte Bast, eine Hand nach dem Jungen auszustrecken. Und zu seiner großen Überraschung konnte er es tun. Langsam und sachte legte er Kostrel zwei Finger auf den Arm. Keinerlei Widerstand verdickte die Luft. Er spürte weder Schmerz noch Grauen. Auch seine Sicht trübte sich nicht. Aus irgendeinem Grund konnte er den Jungen immer noch berühren.

Bast beugte sich ein wenig vor und umfasste nun, schnell wie eine zuschnappende Schlange, die Kehle des Jungen. Immer noch nichts. Er spürte Kostrels Puls sacht unter seinen Fingerspitzen.

Mit einem Kichern wich der Junge zurück. Es war eine verschämte Bewegung, der kein Erschrecken und keine Furcht anzumerken war. »Sagt man da, wo du herkommst, Danke, indem man die Leute kitzelt?«, murmelte er, rieb sich schüchtern den Hals und schaute sich um, als wäre es ihm peinlich gewesen, wenn jemand das gesehen hätte. »Lass das, Bast.«

Beim Klang seines Namens spannte Bast sich an. Doch da war nichts. Kein Zwang. Keine Schwäche. Keinerlei Gefühl, als ob Kostrel ihn an der kurzen Leine hielte …

Verblüfft sah Bast auf seine geballte Faust. Das war nicht einfach nur ein Knopf oder ein geliebtes kleines Spielzeug. Trotz allem, was in Geschichten behauptet wurde, gab es nicht viel, was einen wie Bast wirklich binden konnte. Und schon gar nicht so plötzlich und mit solcher Wucht, wie es diesem kleinen Geschenk gelungen war. Mit Großvatereisen hätte es natürlich geklappt. Oder mit dem Bruchstück eines Sterns, das vom Himmel gefallen war. Einem der wenigen dunklen, uralten Glieder einer zerbrochenen Kette …

Die aber wären alle dunkel gewesen, und was er da kurz erblickt hatte, war hell. Ein Siegel aus hoheitlichem Gold hätte funktioniert, aber nur mit den richtigen Namen. Ein Bernsteinring wäre ein noch älterer Trick gewesen, doch Bast hatte seit einer ganzen Lebensspanne eines Sterblichen keinen solchen Ring mehr gesehen. Außerdem hätte er sich den an den Finger stecken müssen …

Langsam öffnete Bast seine Faust und erblickte ein kleines, helles graviertes Messingstück in Form einer Träne. Ein Amulett? Eine Münze?

Bast war völlig verwirrt. Er erkannte das Ding nicht, aber das Gefühl war unvergesslich gewesen. Vorsichtig tastete er in sich herum … Und ja, da war es. Unverkennbar wie eine Eisenfessel, die um sein Herz geschweißt worden war. Bast ertappte sich dabei, dass er sich anstrengte, seine Lunge zu füllen, so als könnte er kaum mehr atmen. Doch dem war nicht so, und seine Lunge füllte sich leicht mit Luft.

Mit großer Anstrengung zwang er sich auszuatmen. Dann holte er noch einmal tief Luft und fühlte sich außer Atem, obwohl ihm das Einatmen ganz leichtfiel. Fast wäre es ihm lieber gewesen, es hätte sich tatsächlich um irgendein uraltes Eisen gehandelt, denn dann hätte er zumindest gewusst, womit er es zu tun hatte. Es war schon schlimm genug, dass ihm Kostrels Geschenk ein Schuldverhältnis aufgeladen hatte, wie er es seit Ewigkeiten nicht mehr verspürt hatte – aber was bedeutete es, dass der Junge ihn gar nicht zu zwingen vermochte? Wie konnte er hoffen, eine Schuld zu begleichen, die er nicht einmal zu schulden schien …

Bast blickte zu Kostrels lächelndem sommersprossigem

Gesicht hinauf. Da dämmerte es ihm, und er erinnerte sich an die genauen Worte, die der Junge gebraucht hatte. »Ah, ich verstehe«, sagte Bast langsam. »Es ist ein Geschenk, aber nicht von dir. Von wem ist denn dieses Geschenk?« Und schon als er die Frage stellte, kannte er die Antwort. Atemlos vor Angst hoffte er dennoch, dass es nicht stimmte.

»Es ist von Rike«, räumte Kostrel ein und schaute dabei ein wenig verlegen drein. »Das ist das Zweite, was ich dir mitgebracht habe. Ich soll dir etwas ausrichten: Er will mit dir reden.« Kostrel wippte mehrfach mit den Schultern, als wollte er besonders deutlich mit den Achseln zucken. »Aber mach dir keine Sorgen, ich kenne die Regeln und hab ihm schon gesagt, dass deine Antwort nein sein wird.«

Bast musste sich sehr zusammenreißen, um nun nicht aufzuheulen und mit den Fäusten auf den Boden zu hämmern. Gleichzeitig musste er sich sehr zusammenreißen, um nicht aufzuseufzen und sichtlich erleichtert zusammenzusacken. Es war zugleich schlimmer und besser, als er gehofft hatte. Rike besaß die gierige Gerissenheit eines Straßenköters, aber das hier konnte er nicht absichtlich vollbracht haben. Es war viel besser, dass es Bast durch einen simplen Zufall erwischt hatte, als dass Kostrel ihn auf irgendeine Weise als das erkannt hätte, was er war, und herausgefunden hätte, wie er ihn binden konnte, und dann auch noch so gerissen gewesen wäre, monatelang abzuwarten, bis er Bast mal auf dem falschen Fuß erwischte …

Es war also schlimm, aber nicht so schlimm, wie er befürchtet hatte. Bast sah zu dem sommersprossigen Jungen hinüber und war froh, dass er Kostrel nicht falsch eingeschätzt hatte. Lieber einem dummen Feind verpflichtet als einem klugen Freund.

Dann hielt Bast das warme Messingstück zwischen den Fingern. Zwei Hände waren darauf eingraviert, die eine Weizenähre umfassten. »Was ist das denn nun?«, fragte er. »Wenn's einem nicht gerade im Mondschein begegnet?«

»Es nennt sich Bußmünze«, platzte Kostrel heraus. Er hatte offenkundig nur darauf gewartet, danach gefragt zu werden. »Ich war bei Abbe Leodin und hab mir die Kircheninschrift hintendrauf erklären lassen«, sagte er aufgeregt. »Siehst du?«

Bast drehte die Münze um. Auf der Rückseite war ein in Flammen gehüllter Turm zu sehen. »Ah«, sagte er mit grimmiger Miene. »Natürlich. *Tehus antausa eha.*« Er sprach die Worte mit der unbeschwerten Freude eines Mannes aus, der gerade auf einem Mundvoll Salz herumkaut.

»Ich weiß ja nicht, wie es da ist, wo du herkommst«, fuhr Kostrel fort. »Aber wir rufen das an Mittwinter den Dämonen zu. Es ist heilig oder so. Der Abbe hat mir noch ein paar andere Bußmünzen aus der Armenkasse gezeigt.« Er sah auf das Messingstück hinab und zuckte mit den Achseln. »Die sahen aber anders aus. Er hat gesagt, die hier ist richtig alt. Aber ich weiß nicht. Sie ist so blank wie ein nagelneuer Penny. Und die anderen waren alle ganz stumpf.«

Bast drehte die Münze weiter zwischen den Fingern hin und her und nickte dabei vor sich hin, als lausche er der Erklärung eines nicht sonderlich lustigen Witzes. Die Erwähnung des Priesters schien seine Laune nicht gerade zu verbessern.

Kostrel plapperte weiter, bereitwillig die Stille füllend. »Er sagt, reiche Leute geben die den Bettlern, um vor Gott gut dazustehen. Aber eher in großen Städten wie Baedn und Atur und so.« Kostrel deutete in die ungefähre Richtung der Straße des Königs. »Und er sagt, bei jedem Bäcker der Welt kriegt man für eine davon einen Laib …« Kostrel verstummte, als er Basts Gesichtsausdruck sah.

»Brot!«, spie Bast wuterfüllt. »Der kleine Lügner glaubt, er könnte mich mit Brot bestechen?«

Kostrels Lächeln verschwand, und nun schaute er erschrocken. »Es ist ein Geschenk!«, beeilte er sich zu sagen. »Keine Bestechung! Rike hat gesagt, es ist ein Geschenk!«

Bast spürte seine Kiefermuskeln zucken, während er die Zähne zusammenbiss. Über einen Bestechungsversuch hätte er sich sehr gefreut. Aber es war nicht die Schuld des Jungen, dass er das nicht wusste. Ja, dass Kostrel das alles nicht verstand, war das einzig Gute an der ganzen Situation.

Kostrel setzte neu an, mit nun hoher und zögerlicher Stimme. »Er hat es bestimmt nicht so gemeint«, sagte er. »Er wollte bestimmt bloß … na, du weißt schon. Die Dinge wieder ein bisschen einrenken? Er weiß genau, in was für ein Fettnäpfchen er letztes Jahr getreten ist, und darum wollte er …« Er deutete auf die Münze. »Buße tun.«

Nun beruhigte Kostrel sich wieder und fuhr fort. »Ich meine … für dich ist ein Laib Brot ja vielleicht nichts Besonderes … aber du wohnst ja auch in einem Wirtshaus.« Kostrel blickte unbehaglich zu Boden. »Bei den meisten Leuten sieht das anders aus. Für Rike … ist ein Laib Brot schon 'ne ganze Menge wert.«

Bast drehte das blanke Messingstück wieder mit düsterer Miene zwischen den Fingern hin und her. Dennoch: Was geschehen war, war geschehen. Er gestikulierte mit der Münze, ließ sie dann in den Lederbeutel fallen und verschloss ihn. »Meinst du, ich sollte deshalb ein wenig nachsichtig mit ihm sein?«

Kostrel streckte beide Hände vor sich. »Ich meine gar nichts«, sagte er mit Bestimmtheit. »Wenn ihr beide wieder anfangt, euch gegenseitig anzupissen, will ich wirklich nicht dazwischenstehen!«

Bast lachte kurz auf und lächelte dann. Es war, als käme die Sonne hinter einer Wolke hervor. »Weil du nämlich für dein Alter ungewöhnlich klug bist …«, sagte er. »Was ist denn das Dritte, das du mir mitgebracht hast?«

Da entspannte sich Kostrel und ließ sich im Schneidersitz im Gras nieder. »Ich habe ein Geheimnis, das ich eintauschen möchte«, sagte er. »Und weil es eine sehr wertvolle Information ist, komme ich damit zuerst zu dir.« Um die Spannung zu steigern, legte er eine kleine Pause ein. »Ich weiß, wo Emberlee immer ihr Bad nimmt.«

Bast hob eine Augenbraue. »Tatsächlich?«

Kostrel verdrehte die Augen. »Du Heuchler. Tu doch nicht so, als ob dich das nicht interessiert.«

»Natürlich interessiert es mich«, sagte Bast mit einem Anflug von gekränktem Stolz. »Sie ist ja schließlich das sechstschönste Mädchen hier im Ort.«

»Das sechstschönste?«, erwiderte der Junge empört. »Sie ist das zweitschönste, und das weißt du genau!«

»Eventuell das viertschönste«, räumte Bast ein. »Nach Annia.«

»Annia hat doch dünne Hühnerbeine«, erwiderte Kostrel und verdrehte die Augen.

Bast zuckte lässig mit den Achseln. »Die Geschmäcker sind verschieden. Aber ja: Ich bin interessiert. Gegen was möchtest du das denn tauschen? Gegen eine Antwort … oder einen Gefallen?«

»Ich will dafür gute Antworten auf drei Fragen – *und*

einen Gefallen«, sagte der Junge, und nun blickten seine dunklen Augen entschlossen. »Und du weißt genauso gut wie ich, dass es das wert ist. Denn Emberlee ist das drittschönste Mädchen hier im Ort.«

Bast machte den Mund auf, als wollte er widersprechen, zuckte dann aber doch nur mit den Achseln. »Keinen Gefallen. Drei Antworten zu einem einzigen Thema, das vorher genannt wird«, konterte er.

Kostrel nagte kurz auf seiner Lippe. »Aber wenn du nicht genug über das Thema weißt, darf ich mir ein anderes aussuchen.«

Bast nickte und hob den Zeigefinger. »Das einzige Thema, über das ich nichts sagen werde, ist natürlich mein Dienstherr, dessen Vertrauen zu missbrauchen mir mein Gewissen keinesfalls gestatten würde«, sagte er mit schlecht kaschierter Selbstgefälligkeit.

Kostrel machte sich nicht einmal die Mühe, die lächerliche Vorstellung von sich zu weisen, er könnte sich in irgendeiner Weise für den Mann interessieren, der das zweitbeliebteste Wirtshaus in einem Ort betrieb, der so klein war, dass es dort nur ein einziges Wirtshaus gab. »Drei vollständige, ehrliche Antworten«, sagte er. »Keine Zweideutigkeiten und kein dummes Geschwätz.«

»Vorausgesetzt, die Fragen sind zielgerichtet und konkret«, konterte Bast. »Kein Blödsinn von wegen ›*Erzähl mir alles, was du über ein bestimmtes Thema weißt*‹.«

»Das wäre ja auch keine Frage«, entgegnete Kostrel.

»Eben«, sagte Bast. »Drei vollständige, ehrliche Antworten zu einem einzigen Thema. Und du verpflichtest dich, niemandem sonst zu sagen, wo Emberlee immer ihr Bad nimmt.«

Als Kostrel daraufhin eine mürrische Miene aufsetzte, lachte Bast. »Du kleiner Schlingel! Du hättest das noch an zwanzig weitere Leute verkauft, nicht wahr?«

Der Junge stritt es nicht einmal ab, und es schien ihm auch nicht peinlich zu sein. Er zuckte nur lässig die Achseln. »Es ist eine wertvolle Information.«

»Und du lässt dich auch nicht selber da blicken, hörst du?«

Nun spie der dunkeläugige Junge einige Worte, die Bast noch mehr überraschten als die zuvor von ihm gebrauchten *Zweideutigkeiten*. »Na gut«, knurrte er schließlich. »Aber wenn du keine Antwort auf meine Frage weißt, darf ich eine andere stellen.«

Bast überlegte kurz. »Das ist nur fair.«

»Und außerdem leihst du mir noch ein anderes Buch«, sagte der Junge, und seine dunklen Augen funkelten. »Und du gibst mir einen Kupferpenny. Und du musst mir später ihre Brüste beschreiben.«

Bast legte den Kopf in den Nacken und lachte. »Abgemacht. Aber natürlich nur, wenn sie es erlaubt.«

Kostrel stutzte. »Wie um alles in der Welt soll ich sie denn dazu bringen, das zu erlauben?«, fragte er.

Bast breitete nur die Hände. »Nicht mein Problem«, sagte er. »Frag sie doch; das scheint mir der einfachste Weg zu sein.«

Kostrel atmete einfach tief durch. Dann erhob er sich, trat einen Schritt vor und legte eine Hand fest an den sonnengebleichten Stamm des Blitzbaums. Die andere Hand streckte er Bast entgegen. Bast griff hinter sich, um den Baum zu berühren, und besiegelte das Tauschgeschäft, indem er dem Jungen die Hand schüttelte. Kostrels Hand wirkte in seiner so zart wie der Flügel eines Vögelchens.

Dann blinzelte Bast in den warmen Sonnenschein und gähnte. »Also. Über welches Thema möchtest du heute etwas wissen?«

Kostrel ließ sich wieder vor ihm auf dem Boden nieder, und der Ernst wich aus seinem Gesicht. Stattdessen schaute er nun freudig aufgeregt. »Ich möchte etwas über die Fae erfahren!«

Es ist nicht leicht, sich zu strecken und dabei zu gähnen, während man zugleich das Gefühl hat, man hätte gerade einen glühend heißen Eisenklumpen verschluckt. Doch Bast hielt sich ja nicht ohne Grund für einen Künstler. Er spulte seine Dehnung so nahtlos ab wie eine Katze, die es sich auf einem warmen Stein gemütlich macht. Sein Gähnen war so träge, dass er wünschte, jemand würde in diesem Moment mit ansehen, wie glaubhaft er Ruhe vorzutäuschen verstand.

»Und?«, fragte Kostrel. »Weißt du genug über sie?«

»Eine ganze Menge«, sagte Bast bescheiden. »Mehr als die meisten Leute, denke ich mal.«

Kostrels sommersprossiges Gesicht nahm einen triumphierenden Ausdruck an. »Wusste ich's doch! Du bist nicht von hier. Du hast gesehen, wie es draußen in der Welt wirklich ist!«

»Ein wenig schon«, räumte Bast ein. Er spähte zur Sonne hinauf. »Stell deine Fragen. In etwa einer Stunde hab ich eine wichtige Verabredung.«

Der Junge schaute einen Moment lang grübelnd ins Gras hinab. »Wie sind sie so?«

Bast stutzte, lachte dann und warf die Hände empor.

»Grundgütiger Tehlu! Ahnst du überhaupt, was das für eine bekloppte Frage ist? Sie sind nicht *wie* irgendwas. Sie sind, wie sie sind.«

Kostrel blickte empört. »Versuch bloß nicht, mich zu verscheißern!«, sagte er und richtete einen Finger auf Bast. »Ich hab gesagt: kein dummes Geschwätz!«

»Das ist keins«, sagte Bast und hob abwehrend die Hände. »Es ist bloß unmöglich, darauf zu antworten. Was würdest du sagen, wenn ich dich fragen würde, wie Menschen so sind? Wie würdest du das beantworten wollen? Es gibt die unterschiedlichsten Menschen. Sie sind alle verschieden.«

»Es ist also eine große Frage«, sagte Kostrel. »Dann gib mir eine große Antwort darauf.«

»Sie ist nicht nur groß«, widersprach Bast. »Damit könnte man ganze Bücher füllen.«

Eine Katze kann einen König ansehen, und ein Kind kann auf einen Baum klettern. Und Kostrel konnte offenbar Bast in die Augen schauen, ohne mit der Wimper zu zucken oder sich auch nur die geringste Kompromissbereitschaft anmerken zu lassen.

Bast bedachte ihn mit einem finsteren Blick. »Man könnte einwenden, dass deine Frage weder zielgerichtet noch konkret ist.«

Kostrel hob eine Augenbraue. »Also streiten wir jetzt? Ich dachte, wir würden Informationen austauschen. Wenn du mich fragen würdest, wo Emberlee baden geht, und ich sagen würde: ›in einem Bach‹, dann würdest du dir doch auch ziemlich verscheißert vorkommen, oder etwa nicht?«

Bast seufzte. »Wenn ich dir von sämtlichen Gerüchten erzählen würde, die ich im Laufe der Zeit über die Fae aufgeschnappt habe, säßen wir in ein paar Tage noch hier. Und außerdem wäre es nutzlos, denn vieles davon ist gar nicht wahr oder widersprüchlich. Und ich habe ja versprochen, dir vollständig und ehrlich zu antworten.«

Kostrel kniff die Augen zusammen und zuckte vollkommen mitleidlos die Achseln. »Nicht mein Problem.«

Bast hob nachgebend die Hände. »Ich werde Folgendes tun: Trotz der schwammigen Art deiner Frage werde ich dir eine Antwort geben, die die Sache in groben Zügen beschreibt. Und außerdem …« Bast zögerte. »… verrate ich dir ein echtes Geheimnis zu diesem Thema. Einverstanden?«

»Zwei Geheimnisse.« Kostrels Blick war immer noch ernst, seine Augen glänzten nun aber auch vor Aufregung.

»Also gut.« Bast sah zum Himmel empor, als würde er seine Gedanken ordnen. »Wenn man von ›Fae‹ spricht, meint man ja damit alles, was im Reich der Fae lebt. Das umfasst auch alle möglichen … Wesen, die einfach nur Geschöpfe sind. So wie Tiere. Hier gibt es Hunde und Eichhörnchen und Bären. Dort gibt es Raue und Dennerlinge und Trowe.«

»Und Drachen?«

Bast schüttelte den Kopf. »Nicht dass ich wüsste. Nicht mehr …«

Kostrel schaute enttäuscht drein. »Und was ist mit dem Fae-Volk? Mit Fae-Kesslern und solchen Leuten?« Er setzte sich auf und fügte schnell hinzu: »Das soll keine neue Frage sein. Ich versuche bloß, deine im Gange befindliche Antwort zu bündeln.«

Bast lachte. »Heiliger Bimbam! Meine *im Gange befindliche Antwort*? Ist deine Mutter etwa mit einem Rechtsverdreher aneinandergeraten, als sie mit dir schwanger war? Woher hast du so ein Gerede?«

»Ich hör halt in der Kirche aufmerksam zu«, erwiderte Kostrel trocken. »Und manchmal lässt mich Abbe Leodin seine Bücher lesen. Wie sehen die Leute, die da leben, denn so aus?«

»Meist wie ganz normale Menschen«, antwortete Bast.

»So wie du und ich?«, fragte der Junge.

Bast verkniff sich ein Lächeln. »Ja, genau wie du und ich. Du würdest es wahrscheinlich nicht mal bemerken, wenn dir so jemand auf der Straße begegnet. Andere hingegen? Manche von ihnen sind … anders. Mächtiger.«

»So wie Varsa Nimmertot oder der Faltkönig?«

Das ließ Bast innehalten. »Woher weißt du denn von dem Faltkönig?«, fragte er – unwillkürlich in aufrichtig überraschtem Ton.

Kostrel grinste frech. »Was gibst du mir, wenn ich auf diese Frage antworte?«

Bast fuhr sich ungläubig mit der Hand übers Gesicht und machte dann von seiner Stirn aus eine Geste, die einer förmlichen Verbeugung nahekam – obwohl er im Schneidersitz im Gras saß und auf seiner Hose ein kleines flauschiges Schaf aufgestickt war.

»Manche aus dem Volk der Fae sind tatsächlich so wie in den Geschichten, die man sich über sie erzählt«, sagte Bast. »Sie verfügen über bestimmte Waffen oder Zaubersprüche oder Tricks, mit denen sie jeden Arkanisten in den Schatten stellen. Manche sind aber auch auf andere Weise mächtig. So wie der Bürgermeister oder ein Geldverleiher.« Nun wurde seine Miene säuerlich. »Und um die meisten von denen sollte man einen großen Bogen machen. Die legen Menschen gerne rein. Treiben ihre Spielchen mit ihnen.«

Als er das hörte, wich einiges von der Aufregung aus Kostrels Gesicht. »Klingt nach Dämonen.«

Bast wollte schon den Kopf schütteln, hielt dann aber inne und machte stattdessen eine vage Geste. »Einige von ihnen sind Dämonen sehr ähnlich«, räumte er ein. »Manche sogar so ähnlich, dass es keinen Unterschied mehr macht.«

»Sind manche von ihnen auch so ähnlich wie Engel?«, fragte der Junge.

»Das wäre schön«, sagte Bast. »Ich hoffe es. Aber ich nehme mal an, dass die meisten von ihnen eher irgendwo dazwischen angesiedelt sind.«

»Und wo kommen sie her?«

Bast rupfte einen Grashalm ab und klemmte ihn sich lässig in den Mundwinkel. »Das ist also deine zweite Frage?«, konterte er. »Muss es wohl, denn sie hat nichts damit zu tun, *wie die Fae so sind …*«

Kostrel verzog das Gesicht, wobei Bast aber nicht erkennen konnte, ob es ihm peinlich war, dass er sich zu der Frage hatte hinreißen lassen, oder ob er sich schämte, weil er bei dem Versuch ertappt worden war, eine Gratisantwort zu erschleichen. »Stimmt es, dass die Fae nicht lügen können?«

»Manche von ihnen können das tatsächlich nicht«, antwortete Bast. »Andere finden es einfach nur garstig zu lügen. Manche lügen durchaus, würden aber niemals ihr Wort brechen.« Er zuckte die Achseln. »Wiederum andere lügen sehr gut und tun es auch bei jeder Gelegenheit.«

Kostrel öffnete den Mund, aber Bast räusperte sich. »Du musst zugeben«, sagte er, »dass das eine ziemlich gute Antwort war. Und ich habe dir sogar ein paar Fragen kostenlos durchgehen lassen.«

»Nein, hast du nicht«, entgegnete Kostrel. »Wir haben uns auf drei einzelne Fragen zu einem zentralen Thema geeinigt. Wenn du nun behauptest, dass eine doppelt gestellte Frage eine neue Frage ist, dann ist das einfach nur dummes Geschwätz.« Er setzte eine hochmütige Miene auf. »Es ist eher so, dass ich dir großzügig dabei geholfen habe, beim Thema zu bleiben.«

Bast gluckste belustigt. »Aber du gibst doch wohl zu, dass ich dir eine gute Antwort gegeben habe, oder?«

Kostrel sah einen Moment lang so aus, als wollte er widersprechen, nickte dann aber etwas mürrisch. »Und was ist mit den Geheimnissen, die du mir versprochen hast?«

»Erstes Geheimnis«, sagte Bast und hob einen Finger. »Die meisten Fae kommen nie in diese Welt. Sie mögen sie nicht. Sie fühlen sich körperlich unwohl darin, so wie in einem Hemd aus Sackleinen. Wenn sie aber doch einmal in diese Welt kommen, dann mögen sie dort manche Orte lieber als andere …«, sagte er und verstummte mit verschmitzter Miene.

Nun glänzten Kostrels dunkle Augen wissbegierig. Statt sich dagegen zu sträuben, geleitet zu werden, stürmte er ungeduldig voran. »Welche Orte mögen sie denn?«

Bast spürte, wie seine Stimme sanft und ruhig wurde. »Zunächst einmal: Ich habe versprochen, ehrlich zu sein, und um das klarzustellen: Das habe ich auch vor. Und deshalb muss ich, bevor ich darauf antworte, Folgendes vorausschicken: Es gibt unzählige Arten von Fae. Viele Häuser. Viele Höfe. Die unterschiedlichsten Schattierungen. Und in allen lodert ein jeweils ganz eigenes Feuer. Und alle werden von ihren jeweils eigenen Begierden beherrscht …«

Er beugte sich vor, und Kostrel tat es ihm unwillkürlich gleich. »Manche empfinden eine zärtliche Zuneigung zu den Wildnissen der Natur. Manche fühlen sich zu Haus und

Herd der Sterblichen hingezogen. Manche entdecken einen geheimen Ort und gehen nie wieder von dort fort, wohingegen andere auf immer und ewig umherziehen müssen.«

Bast spürte, wie eine Erregung in seiner Brust aufstieg, die seltene, sprudelnde Freude, die sich einstellt, wenn man ein bestens gehütetes Geheimnis lüftet, in das jemand unbedingt eingeweiht zu werden wünscht. Es war wie Bonbons, Brandy, Küsse, alles auf einmal. »Was aber allen Fae gefällt, sind Orte, die mit den ursprünglichen, wahren Dingen in Verbindung stehen, die die Welt geformt haben und weiter formen. Orte, die mit Feuer und Wasser in Berührung sind. Orte, die der Luft und dem Stein nahe sind. Wenn alle vier zusammenkommen …« Bast legte die Hände aneinander und verschränkte die Finger.

Kostrels Gesicht hatte die Gerissenheit eingebüßt, die es zuvor ausgestrahlt hatte. Er sah nun wieder aus wie ein Kind – mit offenem Mund, großen Augen und staunendem Blick.

Ihn so zu sehen, versetzte Bast vor Freude einen Stich mitten ins Herz. Bast legte enormen Wert auf seine Kunstfertigkeit und war sehr zu Recht stolz auf seine Geschicklichkeit und sein Können. Doch dieser Junge saß da und war einfach nur er selbst. Sein Herz war eine Harfe, auf der keine andere Melodie gespielt wurde als die seines reinen Verlangens. Als er das sah, war Bast zum Heulen zumute. Und er fragte sich, wo er selbst wohl vom Weg abgekommen war.

»Zweites Geheimnis«, sagte Bast und hob zwei feingliedrige Finger. »Was ich dir vorhin erzählt habe, ist wahr. Im Großen und Ganzen sehen die Fae fast genauso aus wie wir.

Aber fast alle von ihnen haben etwas an sich, das ein wenig davon abweicht. Ihr Lächeln. Ihr Geruch. Ihre Augenfarbe oder die Farbe ihrer Haut. Sie sind vielleicht ein bisschen zu klein oder ein bisschen zu dünn. Oder es ist ein ganz bestimmter Glanz, wenn ihr Haar vom Mondlicht beschienen wird. Andere wiederum sind ungewöhnlich stark – oder ungewöhnlich schön.«

»Wie Felurian!«, warf Kostrel ein.

»Ja, wie Felurian«, erwiderte Bast, gereizt, dass er aus dem Tritt gebracht worden war. »All jene, die auf den verschlungenen Wegen dazwischen wandeln, verstehen sich auf magische Weise zu verbergen – und auch noch anderes zu bewirken, wie du ja bereits weißt.« Er lehnte sich zurück und nickte vor sich hin. »Das ist eine Art von Magie, über die alle Fae verfügen.«

Bast warf diese letzte Bemerkung hin, wie ein Angler einen Köder auswirft.

Kostrel schluckte mühsam. Er sträubte sich jedoch nicht gegen die Angelschnur, ja, er bemerkte nicht einmal, dass er angebissen hatte. »Das ist meine zweite Frage: Was für Magie können sie wirken?«

Bast verdrehte theatralisch die Augen. »Also bitte, die Antwort darauf könnte schon wieder ein ganzes Buch füllen!«

»Tja, dann solltest du vielleicht einfach ein Buch darüber *schreiben*«, entgegnete Kostrel. »Das könntest du mir dann leihen und hättest zwei Fliegen mit einer Klappe geschlagen.«

Auf diese Bemerkung schien Bast nicht gefasst gewesen zu sein. »Ein Buch schreiben?«

»Das macht man doch, wenn man so allwissend ist,

oder?«, sagte Kostrel sarkastisch. »Dann schreibt man ein Buch, damit man damit angeben kann.«

»Also gut: Ich werde dir in groben Zügen sagen, was ich weiß«, sagte Bast. »Zunächst einmal betrachten die Fae das nicht als Magie. Sie sprechen eher von Kunst oder Handwerk. Von Schein und Sein. Aber wenn sie ganz nüchtern darüber reden – was sie nur selten tun –, dann nennen sie es *Glamourie* und *Grammarie.*« Kostrel sah ihn wie gebannt an, während Bast fortfuhr. »Es sind die Zwillingskünste, etwas so *scheinen* zu lassen, wie man möchte, oder etwas so *sein* zu lassen, wie man möchte.«

Bast ließ sich von der Begeisterung des Jungen anstecken und fuhr in einem Zug fort. »Glamourie ist einfacher. Damit können sie etwas anders erscheinen lassen, als es ist. Da sieht dann etwa ein weißes Hemd aus, als wäre es blau. Oder ein zerrissenes Hemd sieht aus, als wäre es neu. Die meisten Fae beherrschen die Kunst der Glamourie zumindest ansatzweise, um ihre Fremdartigkeit vor den Augen der Sterblichen zu verbergen.« Bast streckte die Hand aus und ergriff eine Locke von Kostrels Haar. »Mit ihrer Glamourie könnten sie goldenes Haar silberweiß aussehen lassen.«

Kostrels Antlitz war erneut ein Bild des Staunens. Doch … irgendetwas hatte sich geändert. Bei genauerem Hinsehen bemerkte Bast, dass es nicht mehr das dumm glotzende Staunen war. Seine Augen blickten nun messerscharf. Sie zeigten einen Verstand, der nicht mehr vom *Was* geblendet war, sondern sich langsam auf den Punkt zubewegte, an dem er nach dem *Wie* fragen würde.

Bast überlief ein kalter Schauder. Das kam dabei heraus, wenn er unachtsam wurde. So etwas geschah, wenn er sich binden ließ, sich erden ließ, sich hierhin und dahin zerren ließ. Weshalb bloß hatte er so viel über den Jungen erfahren, dass er ihn ins Herz geschlossen hatte? Es war, als hätte er sich in ein Veilchen verliebt. Oder als hätte er ein Haus auf Sand gebaut.

Bast brach der kalte Schweiß aus, als er sah, wie sich das Staunen in Kostrels Augen wandelte, wie es gierig wurde und zu Fragen geronn wie: *»Wie stellen die das an mit ihrer Glamourie?«* und, schlimmer noch: *»Wie könnte ein kluger Junge das durchkreuzen?«*

Und was würde Bast dann tun, wenn eine solche Frage fast schon in der Luft zu hängen schien? Sein aufrichtig gegebenes Versprechen brechen? Hier, an einem Ort, wo alle Dinge zusammenkamen? Das würde seinem Verlangen vollkommen zuwiderlaufen, und Bast konnte kaum erahnen, was das für Konsequenzen haben würde …

Nein. Viel einfacher war es, erst einmal die Wahrheit zu sagen. Und dann dafür zu sorgen, dass dem Jungen etwas geschah. Etwas Schnelles und Endgültiges. Ein bedauerlicher Unglücksfall. Je eher, desto besser.

Doch andererseits … Bast mochte den Jungen. Er war nicht dumm oder leichtgläubig. Er war auch weder gemein noch ordinär. Er war töricht, flink und gierig. Bast hatte sich ewig abgemüht, bis er gelernt hatte, eine Leuchte zu sein, wohingegen dieses süße Kind einfach nur dasaß und wie die Sommersonne strahlte. Dieses gewitzte, eigensinnige Vögelchen hatte einen hellen Verstand, der so scharf war, dass er Gefahr lief, sich damit zu schneiden – und Bast offenbar gleich mit.

Bast fuhr sich mit einer Hand übers Gesicht. Bevor er an diesen Ort gekommen war, war er nie mit seinem Verlangen in Konflikt geraten. Früher war alles ganz einfach gewesen. Wollen und haben. Sehen und nehmen. Laufen und jagen. Durst empfinden und Durst löschen. Jetzt hingegen war alles kompliziert. So vieles von dem, wonach er sich sehnte, konnte er nicht mehr verfolgen, und mit jedem Tag fühlte er sich mehr von seinem wahren Ich abgetrennt …

»Bast?« Kostrel hatte den Kopf zur Seite geneigt. »Geht es dir nicht gut?« Tapsig wie ein Rehkitz legte er Bast eine Hand aufs Knie und tätschelte ihn ungelenk, um ihn zu trösten.

Nein. Bast konnte diesen Jungen nicht umbringen. Das ging einfach nicht.

Dennoch wusste Bast, wie schnell die Stimmung an einem Ort umschlagen konnte. Er hatte das schon selbst erlebt. Am Tag zuvor war noch alles eitel Sonnenschein gewesen, und dann blieb ihm mit einem Mal – bloß weil ihm ein kleines Geheimnis entschlüpft war – nur noch die Wahl zwischen Eisen und Feuer – oder zu fliehen und alles stehen und liegen zu lassen.

Aber hier und jetzt? *Er wollte hier nicht weg.* Und außerdem waren seine Geheimnisse so sehr mit den Lügen seines Herrn verwoben, dass er fürchtete, ein einziger loser Faden könnte den Zerfall des ganzen Gewebes nach sich ziehen.

»Du sagtest gerade, mit Grammarie kann man etwas so sein lassen, wie man möchte …«, erinnerte Kostrel ihn behutsam.

Bast machte eine hilflose Geste. Seinen inneren Konflikt brauchte er nicht vorzutäuschen. Er hatte versprochen, ehrlich zu sein. Doch er hatte längst schon zu viel gesagt. Diesen Jungen umzubringen, wäre, als würde er ein kunstvoll bemaltes Glasfenster zerschlagen, doch wenn er ihm

Geheimnisse anvertraute, würde er damit seinen Herrn verraten.

Nichts zu sagen, war jedoch die schlechteste Option. Bast wusste, wie laut Schweigen sein konnte.

»Grammarie dient dazu … etwas zu verändern«, sagte er schließlich.

»So wie Blei in Gold zu verwandeln?«, fragte Kostrel, offensichtlich bemüht, hilfreich zu sein. »Machen sie damit also das Feengold?«

Bast setzte ein Lächeln auf, auch wenn es sich auf seinem Gesicht zäh wie Leder anfühlte. »Das ist wahrscheinlich eher Glamourie. Es ist recht einfach, aber es ist nicht von Dauer. Törichte Leute, die auf Feengold hereinfallen, haben am nächsten Morgen die Taschen voller Steine oder Eicheln.«

»Aber könnten sie Kies in echtes Gold verwandeln?«, fragte Kostrel. »Wenn sie es wirklich wollten?«

Bast spürte, wie sich die Starre in seinen Schultern ein wenig löste. Sein Lächeln wurde sanfter, milder. Natürlich. Er war ein neugieriger Junge. Natürlich. Das war der schmale Grat zwischen diesem und jenem Verlangen.

»Um diese Art von Veränderung geht es dabei nicht«, sagte Bast, obwohl er auf die Frage hin nickte. »Das wäre zu groß. Bei Grammarie geht es eher um eine … Verlagerung. Es geht darum, etwas zu mehr von dem zu machen, was es bereits ist.«

Kostrel blickte verwirrt.

Bast atmete tief durch den Mund ein und ließ die Luft dann durch die Nase wieder ausströmen. »Lass es mich mal anders versuchen. Was hast du in deinen Taschen?«

Kostrel kramte darin herum und streckte ihm beide

Hände hin. Da war ein Messingknopf, ein kleiner Kohlebrocken, eine Rosskastanie, ein kleines Klappmesser … und ein grauer Stein mit einem Loch darin. Natürlich.

Bast ließ seine Hand langsam über diese Ansammlung von Krimskrams gleiten und hielt schließlich über dem Messer inne. Es war nichts Besonderes, nur ein fingergroßer glatter Holzgriff mit einer Rille, in der sich die kurze Klinge verbarg.

Bast hob es behutsam mit zwei Fingern an. »Was ist das?«

»Das ist mein Messer«, sagte Kostrel, während er den Rest seiner Habseligkeiten wieder in seine Taschen stopfte.

»Weiter nichts?«, fragte Bast.

»Was soll es denn sonst …?« Der Junge verstummte, ohne die Frage ganz gestellt zu haben, und kniff misstrauisch die Augen zusammen. »Es ist einfach nur ein Messer.«

Bast zog sein eigenes Messer aus der Tasche. Es war ein wenig größer, und der Griff bestand statt aus Holz aus sehr schön geschnitztem und poliertem Horn. Als er es aufklappte, glänzte die Klinge blank und scharf.

Er legte beide Messer zwischen ihnen auf den Boden. »Würdest du dein Messer gegen meines tauschen?«

Kostrel beäugte Basts Messer leicht neidisch, schüttelte dann aber, ohne zu zögern, den Kopf.

»Und warum nicht?«

»Weil es meins ist«, sagte der Junge, und sein Gesicht begann sich zu umwölken.

»Meins ist aber besser«, entgegnete Bast ganz sachlich.

Kostrel schnappte sich sein Messer und schloss schützend die Hand darum. Er blickte nun regelrecht finster drein. »Das hat mir mein Papa geschenkt«, sagte er. »Bevor er des Königs Sold annahm und Soldat wurde, um uns vor den Rebellen zu beschützen.« Dann sah er wieder zu Bast hoch, mit einem Blick, als solle der es bloß nicht wagen, auch nur ein einziges Wort dagegen zu sagen.

Bast wich seinem Blick nicht aus und nickte nur ernst. »Es ist also mehr als nur ein Messer«, sagte er. »Für dich ist es etwas Besonderes.«

Kostrel, der das Messer immer noch umklammert hielt, nickte und blinzelte dabei.

»Für dich ist es das beste aller Messer.«

Wieder ein Nicken.

»Es ist dir wichtiger als alle anderen Messer. Und das *scheint* dir nicht nur so«, sagte Bast und deutete darauf. »Sondern das *ist* so.«

In Kostrels Augen flackerte ein Fünkchen Verständnis auf.

Bast nickte. »Das ist Grammarie. Und jetzt stell dir mal vor, jemand könnte ein Messer nehmen und es in jeglicher Hinsicht verbessern. Es zum besten Messer machen, das es je gegeben hat. Nicht nur für sich, sondern allgemein, für *alle*.« Bast nahm sein eigenes Messer zur Hand und ließ es wieder zuschnappen. »Und wenn derjenige wirklich fähig wäre, könnte er das auch mit etwas anderem als einem Messer tun. Er könnte ein Feuer noch feuriger machen. Noch lodernder. Noch heißer. Und jemand, der wirklich mächtig ist, könnte sogar noch mehr tun. Er könnte einen Schatten nehmen und …« Er brach ab und hinterließ gewissermaßen eine Lücke in der Luft.

Kostrel atmete tief ein und stieß mit einer weiteren Frage hinein. »Wie Felurian!«, sagte er. »Hat sie so Kvothes Schattenmantel gemacht?«

Bast nickte ernst, froh über die Frage – und zugleich

sehr unfroh darüber, dass es ausgerechnet diese Frage sein musste. »Ja, wahrscheinlich war es so. Denn schließlich: Was tut ein Schatten? Er verbirgt, er schützt. Und genau das tut auch Kvothes Schattenmantel, bloß noch mehr.«

Kostrel nickte verständnisinnig, und Bast fuhr schnell fort, da er das Thema hinter sich lassen wollte. »Oder denk mal an Felurian selbst …«

Das schien Kostrel nicht schwerzufallen. Er setzte ein Grinsen auf.

»Jemand, der schön ist«, sagte Bast langsam, »kann ein Objekt des Verlangens sein. So ist es bei Felurian. Und so ist es auch bei dem Messer. Der, die, das Schönste. Das Objekt des innigsten Verlangens. Für jede und jeden …« Bast ließ seine Worte abermals sanft ausklingen.

Kostrels Blick war nun wie in weite Ferne gerichtet; er dachte offenbar gründlich über all das nach. Bast ließ ihm Zeit dafür, und dann sprudelte eine weitere Frage aus dem Jungen hervor. »Könnte das nicht einfach nur Glamourie sein?«, fragte er.

»Ah«, sagte Bast und lächelte breit. »Aber was ist der Unterschied zwischen schön *sein* und schön *erscheinen*?«

»Tja …« Kostrel geriet für einen Moment ins Grübeln, fing sich aber wieder. »Das eine ist real und das andere nicht.« Er klang selbstgewiss, doch das spiegelte sich nicht in seiner Miene wider. »Das eine wäre eine Vortäuschung. Und du könntest doch den Unterschied erkennen, nicht wahr?«

Bast ließ die Frage an sich abgleiten. Das war nicht ganz das, worauf er hinauswollte. »Was ist der Unterschied zwischen einem Hemd, das weiß *aussieht*, und einem Hemd, das weiß *ist*?«, entgegnete er.

»Ein Mensch ist doch nicht dasselbe wie ein Hemd«, sagte Kostrel empört. »Wenn Felurian ganz zart und rosig aussehen würde, so wie Emberlee, sich ihr Haar aber anfühlen würde wie eine Pferdemähne, dann wüsste man doch, dass es nicht echt ist.«

»Mit Glamourie lassen sich nicht nur die Augen täuschen«, sagte Bast. »Sondern alles andere auch. Feengold fühlt sich tatsächlich schwer an. Und ein glamouriertes Schwein würde nach Rosen duften, wenn man es küssen würde.«

Kostrel stutzte, denn der nahtlose Übergang von Emberlee zu einem Schwein war offenbar ein bisschen viel für ihn. »Aber wäre es nicht viel schwieriger, ein Schwein zu glamourieren?«, fragte er schließlich.

»Du bist ein kluger Junge«, sagte Bast. »Und du hast vollkommen recht. Ein schönes Mädchen so zu glamourieren, dass es noch schöner wird, wäre kein großer Aufwand. Man würde sozusagen den Kuchen nur noch mit einem Zuckerguss versehen.«

Kostrel rieb sich die Wange, und sein Blick war wieder in die Ferne gerichtet. »Kann man Glamourie und Grammarie denn gleichzeitig einsetzen?«, fragte er. »Das scheint mir die effektivste Methode zu sein.«

Bast erschrak so sehr, dass ihm der Gesichtsausdruck entglitt. Der Verstand dieses Jungen war scharf wie frisch gewetztes Eisen, und es war doppelt gefährlich, ihn so nah um sich zu haben. Dennoch spürte Bast warmen Stolz in seiner Brust aufsteigen – während er zugleich vor Furcht fröstelte, was ihn der Junge als Nächstes fragen würde. Kostrels dritte und letzte Frage lauerte wie ein Tiger im hohen Gras.

Bast nickte anerkennend. »Ich habe gehört, dass es so gemacht wird.«

Kostrel schaute nachdenklich. »Das muss es sein, was Felurian macht«, sagte er. »Wie die Sahne auf dem Zuckerguss auf dem Kuchen.«

»Das glaube ich auch«, sagte Bast. »Die, der ich mal begegnet bin, sagte …« Er verstummte abrupt, sein Gesicht eine Maske des Erschreckens, und kniff den Mund zu. Doch es war offenkundig zu spät …

Kostrel hob ruckartig den Kopf, und seine Augen funkelten vor animalischer Erregung. »Du bist einem der Fae begegnet?«

Bast grinste. Sein makelloses Gebiss hatte etwas von einer Bärenfalle. »Ja.«

Diesmal spürte Kostrel sowohl den Angelhaken als auch die Schnur – aber viel zu spät. »Du Bastard!«, platzte er wütend hervor.

»Ja, das bin ich«, räumte Bast frohgemut ein.

»Du hast mich ausgetrickst, damit ich das frage!«

»Stimmt«, erwiderte Bast. »Es war eine Frage, die mit diesem Thema zu tun hat, und ich habe sie vollständig und ohne Umschweife beantwortet.«

Kostrel sprang auf und stürmte davon, nur um wenig später in seinen zu großen Stiefeln wieder angestampft zu kommen. »Gib mir meinen Penny!«, forderte er mit ausgestreckter Hand.

Bast zog einen Kupferpenny hervor. »Wo nimmt Emberlee denn nun ihr Bad?«

Kostrel funkelte ihn wütend an. »Nach dem Mittagessen auf der Boggan-Farm«, sagte er. »Hinter der alten Steinbrücke, etwa eine Viertelmeile in Richtung Gebirge. Ein kleiner

Weiher mit sandigem Grund, hinter einer Esche verborgen.«

Bast warf ihm, immer noch wild grinsend, den Penny hin.

»Dir soll der Schwanz abfaulen«, sagte der Junge giftig und stapfte dann den Hügel wieder hinab.

Bast konnte sich ein Lachen nicht verkneifen. Er gab sich große Mühe, leise zu lachen, denn er mochte Kostrel und wollte die Gefühle des Jungen nicht verletzen. Es gelang ihm jedoch nicht allzu gut, und so hallte sein Lachen dem Abgang des sommersprossigen Jungen hinterher.

Am Fuße des Hügels angelangt, drehte sich Kostrel noch einmal um und rief: »Du bist mir immer noch ein Buch schuldig!«

Bast hörte abrupt auf zu lachen, denn dabei fiel ihm wieder etwas ein. Er blickte sich um und erschrak, als er sah, dass das *Celum Tinture* nicht mehr an seinem Platz war.

Dann kam ihm aber wieder, dass er das Buch bei der alten Stechpalme zurückgelassen hatte, und er entspannte sich. Der Himmel war klar, und es gab keinerlei Anzeichen, dass es regnen würde. Das Buch war in Sicherheit.

Er machte kehrt und eilte den Hügel hinab, denn er wollte nicht zu spät kommen.

Später Vormittag

Vögel

Bast rannte den größten Teil des Wegs zu dem kleinen bewaldeten Tal, und als er dort ankam, schwitzte er wie ein Pferd nach einem Galopp. Sein Hemd klebte ihm unangenehm am Leib, und als er dann zum Ufer hinunterging, zog er es sich über den Kopf und wischte sich damit den Schweiß vom Gesicht.

Ein langer, flacher Felsvorsprung ragte an dieser Stelle in den Kleinbach hinein und begrenzte die eine Seite eines ruhigen kleinen Weihers, der aus einer Ausbuchtung des Bachs entstanden zu sein schien. Einige Weiden ragten dort aufs Wasser hinaus, spendeten Schatten und ein wenig Privatsphäre. Das Ufer war mit dichten Büschen bewachsen, und das Wasser war ruhig und klar.

Mit freiem Oberkörper trat Bast auf den Felsvorsprung hinaus. Wenn er vollständig bekleidet war, ließen ihn sein Gesicht und seine langen, flinken Hände eher hager wirken, doch ohne Hemd erwiesen sich seine Schultern als erstaunlich breit und muskulös, eher wie man es bei einem Feldarbeiter erwarten würde als bei einem trägen Kerl, der kaum etwas anderes tat, als den lieben langen Tag in einem leeren Wirtshaus herumzulungern.

Dann trat Bast aus dem Schatten der Weiden heraus, kniete sich hin und tauchte sein Hemd in den Weiher. Darauf wrang er es sich über dem Kopf aus und schauderte ein wenig von dem kalten Wasser. Er rieb sich energisch Brust und Arme damit ab und schüttelte sich die Wassertropfen aus dem Gesicht.

Er legte das Hemd beiseite, hielt sich an der Felskante fest, holte tief Luft und tauchte dann den Kopf in den Weiher. Dabei spannten sich seine Rücken- und Schultermuskeln. Einen Moment später zog er den Kopf wieder heraus, keuchte leicht und schüttelte sich das Wasser aus dem Haar.

Dann richtete er sich auf und strich sich mit beiden Händen das Haar zurück. Wasser rann ihm über die dunkel behaarte Brust und den flachen Bauch hinab.

Er schüttelte sich noch ein wenig und ging dann zu einer dunklen Nische, die von einem zerklüfteten, überhängenden Felsen gebildet wurde. Nachdem er einen Moment lang dort umhergetastet hatte, zog er ein butterfarbenes Stück Seife hervor.

Er kniete sich wieder an den Rand des Wassers, tauchte sein Hemd einige Male ein und schrubbte es mit der Seife. Da er kein Waschbrett hatte und sein Hemd natürlich nicht an den rauen Steinen aufscheuern wollte, dauerte das eine ganze Weile. Er seifte das Hemd mehrmals ein und spülte es wieder aus, um es anschließend kräftig zu wringen, wobei er seine Arm- und Schultermuskeln spielen ließ. Er machte das erstaunlich gründlich, und als er fertig war, war er klitschnass und mit Seifenschaum benetzt.

Dann breitete Bast sein Hemd auf einem sonnigen Stein zum Trocknen aus. Er begann seine Hose zu öffnen und hielt dann inne, neigte den Kopf zur Seite und klopfte sich mit dem Handballen an die Schläfe, als wollte er sich Wasser aus dem Ohr schütteln.

Vielleicht lag es an ebendiesem Wasser im Ohr, dass Bast das aufgeregte Gezwitscher nicht hörte, das nun mit einem Mal in den Büschen am Ufer erklang. Es war ein Geräusch, das möglicherweise von Spatzen kam, die dort auf den Zweigen miteinander schwatzten. Wenn dem so war, schien es eine größere Anzahl von Spatzen zu sein.

Und wenn Bast auch nicht sah, dass sich die Büsche bewegten? Und wenn er auch nicht bemerkte, dass zwischen den herabhängenden Zweigen der Weide Farben zu sehen waren, die man an Bäumen normalerweise nicht findet? Hier ein blasses Rosa, dort eine geradezu schamhaft wirkende Röte. Hier ein unbedachtes Gelb oder ein Kornblumenblau. Und wenn es auch Hemden und Kleider in diesen Farben geben mochte … nun ja … so gab es ja schließlich auch Vögel, deren Gefieder so gefärbt war. Finken und Häher. Und außerdem war es unter den jungen Männern und Frauen der Ortschaft allgemein bekannt, dass der dunkelhaarige junge Mann, der im Wirtshaus aushalf, kläglich kurzsichtig und auch ein wenig töricht war.

Und so zwitscherten die Vögel im Gebüsch, während Bast sich nun wieder an der Kordel seiner Hose zu schaffen machte, deren Knoten ihm offenbar Schwierigkeiten bereitete. Er fummelte einen Moment lang daran herum, gab es dann fürs Erste auf und streckte sich ausgiebig und katzenhaft, wobei sich sein ganzer Leib wie ein Bogen spannte.

Schließlich gelang es ihm, den Knoten zu lösen, und er schlüpfte aus seiner Hose. Er trug nichts darunter, und als er die Hose beiseitewarf, ertönte ein krächzender oder eher kreischender Laut von der Weide her, wie er auch von einem größeren Vogel hätte stammen können. Einem Reiher vielleicht. Oder einer Krähe. Und wenn gleichzeitig ein Zweig heftig zu zittern begann, nun, so hatte sich vielleicht ein Vogel zu weit vorgebeugt und wäre fast von seinem Ast gefallen. Es war ja klar, dass manche Vögel ungeschickter waren als andere. Doch Bast sah es ohnehin nicht, denn er schaute in diesem Moment in die andere Richtung.

Nun tauchte Bast mit einem Hechtsprung ins Wasser, planschte dort wie ein kleiner Junge umher und ächzte vor Kälte. Nach einigen Minuten wechselte er in einen flacheren Teil des Weihers, wo ihm das Wasser kaum bis an die schmale Taille reichte.

Hätte man aufmerksam hingeschaut, so hätte einem nun auffallen können, dass die Beine des jungen Mannes unter Wasser ein wenig … merkwürdig aussahen. Doch es war schattig dort, und außerdem ist ja allgemein bekannt, dass Wasser das Licht auf seltsame Weise bricht, wodurch die Dinge dann anders aussehen, als sie in Wirklichkeit sind. Und außerdem sind Vögel nicht unbedingt die aufmerksamsten Beobachter, schon gar nicht, wenn sich ihre Aufmerksamkeit gerade auf andere, interessantere Dinge richtet.

Etwa eine Stunde später, immer noch feucht und nach Geißblatt-Seife duftend, erklomm Bast jenen Felsen, von dem er ziemlich sicher war, dass er dort das Buch seines Herrn zurückgelassen hatte. Es war der dritte Felsen, den er in der vergangenen halben Stunde auf der Suche nach einem bestimmten Baum erklommen hatte.

Oben angelangt, erblickte Bast zu seiner Erleichterung die Stechpalme, deren Ast und Astgabel genauso aussahen wie in seiner Erinnerung. Das Buch aber war fort. Eine schnelle Umrundung des Baums ergab, dass es nicht zu Boden gefallen war.

Dann kam ein leichter Wind auf, und Bast sah ein weißes Flackern wie ein kleines Fähnchen. Ihm lief es kalt den Rücken hinunter bei der Vorstellung, es könnte eine herausgerissene Seite sein. Kaum etwas ärgerte seinen Herrn so, wie wenn Bücher schlecht behandelt wurden.

Aber nein. Als Bast danach griff, ertastete er nicht etwa den Ledereinband des Buches, sondern einen breiten Streifen Birkenrinde, der von einem Stein festgehalten wurde. Er zog den Streifen herab und las die grob hineingeritzte Inschrift.

Mus dich drefn. Is wichdich.
Rike

Bast war gerade erst zum Blitzbaum zurückgekehrt, als er ein kleines Mädchen auf der Lichtung auftauchen sah, das ein hellblaues Rüschenkleidchen trug.

Während sie sich langsam näherte, rührte Bast lässig in dem Lederbeutel und vollführte dann eine Ziehung. Als er nach unten sah, erblickte er glänzendes Gold auf einem schwarzen Schieferplättchen. Eine zarte Kette war in den Stein graviert. Im Sonnenlicht glänzte sie so hell, als wäre sie vergoldet.

Das kleine Mädchen hielt nicht am Graustein inne, sondern stapfte geradewegs daran vorbei und den Hügel hinauf. Sie war jünger als die meisten anderen, vielleicht sechs oder sieben. Sie trug schöne Schuhe, und dunkelpurpurne Bänder durchzogen ihr sorgfältig gelocktes Haar.

Bast hatte sie noch nie gesehen, aber da Newarre eine kleine Ortschaft war, erriet er allein schon anhand ihrer kostbaren Kleider und des Rosenwasserdufts, der von ihr ausging, dass es sich um Viette handelte, die jüngste Tochter des Bürgermeisters.

Mit grimmiger Entschlossenheit erstieg sie den Hügel und trug dabei etwas Pelziges in der Armbeuge. Oben angelangt, blieb sie stehen, leicht schwitzend und ein wenig unruhig, und wartete erst mal ab.

Bast beäugte sie einen Moment lang schweigend und erhob sich langsam. »Kennst du die Regeln?«, fragte er in ernstem Ton.

Viette stand nur da mit ihren purpurnen Bändern im Haar. Sie war offensichtlich ein wenig verängstigt, schob aber trotzig die Unterlippe vor, während sie zu ihm hochsah. Sie nickte.

»Und wie lauten sie?«

Das kleine Mädchen fuhr sich mit der Zunge über die Lippen und begann sie dann in einem Singsang vorzutragen: »Niemand größer als der Stein.« Sie deutete auf den umgestürzten Graustein am Fuße des Hügels. »Komm zum Schwarzbaum, komm allein.« Sie legte den Zeigefinger vor den Mund und machte leise *Pscht.* »Sag keinem Großen …«

»Halt!«, unterbrach Bast sie in scharfem Ton und erschreckte das Mädchen damit ein wenig. »Die letzten beiden Verse musst du sprechen, während du den Baum berührst.«

Das Mädchen wurde ein wenig blass, trat aber vor und legte eine Hand an das sonnengebleichte Holz des schon vor langer Zeit abgestorbenen Baums.

Sie räusperte sich, hielt einen Moment lang inne und sprach dann lautlos den Anfang des Gedichts, bis sie wieder an der entsprechenden Stelle angelangt war. »Sag keinem Großen, was hier gesprochen, sonst fährt der Blitz dir in die Knochen.«

Nach dem letzten Wort ächzte Viette und riss ihre Hand von dem Baumstamm fort, so als hätte irgendetwas sie gestochen. Mit großen Augen schaute sie auf ihre Fingerspitzen, die allerdings unversehrt und rosig waren. Bast verbarg sein Lächeln hinter vorgehaltener Hand.

»Nun gut«, sagte er. »Du kennst also die Regeln. Ich wahre deine Geheimnisse, und du wahrst meine. Ich kann Fragen beantworten oder dir helfen, ein Problem zu lösen.« Er setzte sich wieder mit dem Rücken an den Baumstamm und war damit auf gleicher Augenhöhe mit dem Mädchen. »Was willst du?«

Sie hielt ihm das kleine weiße Fellknäuel hin, das sie in der Armbeuge angeschleppt hatte. Es miaute. »Ist das ein magisches Kätzchen?«, fragte sie.

Bast nahm das Kätzchen in die Hand und schaute es sich gründlich an. Es war ein schläfriges Ding und fast gänzlich weiß. Ein Auge war blau, das andere grün. »Ja, das ist es tatsächlich«, sagte er und klang dabei leicht erstaunt. »Zumindest ein klein wenig.« Er gab ihr das Kätzchen zurück.

Das Mädchen nickte ernst. »Ich möchte es Prinzessin Zuckergussbrötchen nennen.«

Bast sah sie nur verblüfft an. »Aha«, sagte er.

Das Mädchen musterte ihn stirnrunzelnd. »Ich weiß aber nicht, ob es ein Mädchen oder ein Junge ist!«

»Oh«, sagte Bast. Er streckte die Hand aus, nahm das Kätzchen noch einmal entgegen, streichelte es und gab es dann wieder zurück. »Es ist ein Mädchen.«

Die Tochter des Bürgermeisters sah ihn mit zusammengekniffenen Augen an. »Schwindelst du mich an?«

Bast stutzte und lachte dann. »Warum hast du mir beim ersten Mal geglaubt und beim zweiten Mal nicht?«, fragte er.

»Weil ich schon selber gemerkt habe, dass es ein magisches Kätzchen ist«, sagte Viette und verdrehte verärgert die Augen. »Ich wollte nur sichergehen. Aber es hat kein Kleidchen an. Und es trägt auch keine Bänder oder Schleifen. Woran erkennt man denn, ob es ein Mädchen ist?«

Bast setzte zu einer Antwort an und … schloss dann doch wieder den Mund. Sie war nicht die Tochter irgendeines Bauern. Sie hatte eine Gouvernante und einen ganzen Schrank voller Kleider. Sie hatte nicht tagtäglich mit Schweinen oder Ziegen zu tun. Sie hatte nie gesehen, wie ein kleines Lamm zur Welt kommt. Es war eine ganz einfache Frage – die jedoch dazu führen konnte, dass der Bürgermeister wutentbrannt ins Wirtshaus gestürmt kam und wissen wollte, woher seine Tochter mit einem Mal das Wort »Penis« kannte.

Die Antwort war jedoch im Grunde ganz einfach. Und Bast hielt es ohnehin lieber mit der größeren als mit der kleineren Wahrheit. »Kleidchen und Bänder sind nicht so wichtig«, sagte er. »Sie hat beschlossen, dass sie ein Mädchen ist, und also ist sie ein Mädchen.«

Viette sah ihn misstrauisch an. »Aber woher weißt *du*, was sie beschlossen hat?« Dann bekam sie große Augen. »Kannst du etwa mit Katzen sprechen?«

»Ja, das kann ich«, sagte Bast in leicht eitlem Ton.

Da bekam das Mädchen noch größere Augen und war nun auch sichtlich aufgeregt. Sie holte tief Luft, hielt inne und atmete langsam wieder aus. »Ich hab schon gehört, dass du schlau und gerissen bist …«

»Ja, das bin ich«, räumte Bast ein.

»Jeder kann mit Katzen sprechen, nicht wahr?«

Bast grinste das Mädchen an. Diese Kleine würde er im Auge behalten müssen. In ein paar Jahren würde sie Kostrel den Rang ablaufen.

»Ja, wenn man es möchte.«

»Was ich damit *gemeint* habe«, sagte sie, das Wort betonend, »ist: Sprechen Katzen auch mit *dir*?« Dann fügte sie schnell noch hinzu: »So, dass du sie verstehst?«

»Nein«, antwortete Bast. Und um ganz ehrlich zu sein, sagte er noch: »So gut wie nie.«

Das Mädchen blickte böse. »Und woher willst du wissen, dass dieses Kätzchen beschlossen hat, ein Mädchen zu sein?«

Bast zögerte, wollte lieber nicht lügen. Nicht hier. Aber er hatte ja schließlich nicht versprochen, ihre Frage zu beantworten, ja hatte überhaupt keine Abmachung mit ihr getroffen. Das machte die Sache einfacher.

»Ich kraule so ein Kätzchen am Bauch«, sagte er. »Und wenn es mir dann zuzwinkert, weiß ich, dass es ein Mädchen ist.«

Das schien Viette zufriedenzustellen, und sie nickte ernst. »Und wie kann ich meinen Vater dazu bringen, dass ich es behalten darf?«

»Hast du ihn denn schon nett darum gebeten?«

Sie nickte. »Er kann Katzen nicht ausstehen.«

»Hast du geschrien und einen Wutanfall bekommen?«

Sie verdrehte die Augen und seufzte gereizt. »Das habe ich alles schon versucht, sonst wäre ich ja wohl nicht hier.«

Bast dachte einen Moment lang nach. »Also gut. Als Erstes besorgst du dir etwas zu essen, das sich ein paar Tage hält. Kekse. Äpfel. Nichts, was stark riecht. Das versteckst du irgendwo in deinem Zimmer, und zwar so, dass niemand es finden kann. Nicht mal deine Gouvernante. Nicht mal das Dienstmädchen. Hast du so ein Versteck?«

Das kleine Mädchen nickte.

»Dann gehst du zu deinem Vater und versuchst es noch mal. Sei lieb und höflich. Und werd nicht böse, wenn er immer noch Nein sagt. Sag ihm einfach nur, dass du das Kätzchen liebst. Sag ihm, wenn du das Kätzchen nicht haben darfst, wirst du so traurig sein, dass du daran stirbst.«

»Er wird es mir trotzdem nicht erlauben«, erwiderte das kleine Mädchen ganz sachlich.

Bast zuckte die Achseln. »Wahrscheinlich nicht. Aber jetzt kommt der zweite Teil. Wenn ihr heute zu Abend esst, rührst du dein Essen nicht an. Nicht mal den Nachtisch. Du stocherst höchstens darin herum.« Das kleine Mädchen wollte etwas einwenden, doch Bast hielt sie mit erhobenem Zeigefinger davon ab. »Wenn jemand fragt, sagst du einfach nur, du hast keinen Hunger. Und erwähne auf keinen Fall das Kätzchen. Wenn du heute Abend allein in deinem Zimmer bist, iss was von den Sachen, die du versteckt hast.«

Das kleine Mädchen blickte nachdenklich.

Bast fuhr fort: »Und morgen früh bleibst du im Bett. Sag, du wärst zu müde. Und rühr dein Frühstück nicht an. Und auch nicht das Mittagessen. Ein bisschen Wasser darfst du trinken, aber nur kleine Schlucke. Bleib einfach im Bett liegen. Wenn sie fragen, was mit dir los ist …«

Da wurde sie munter. »Dann sage ich, ich will mein Kätzchen!«

Bast schüttelte mit grimmiger Miene den Kopf. »Nein. Das würde alles verderben. Sag einfach nur, du wärst müde. Wenn sie dich allein lassen, kannst du was essen, aber sei vorsichtig. Wenn sie dich dabei erwischen, kriegst du dein Kätzchen nie.«

Nun hörte das Mädchen aufmerksam zu und runzelte vor Konzentration sogar die Stirn.

»Wenn es wieder Zeit fürs Abendessen wird, werden sie sich allmählich Sorgen machen. Sie werden dir anbieten, dass du dein Lieblingsessen bekommst. Du aber sagst einfach weiter nur, dass du keinen Hunger hast. Du wärst nur mude. Lieg einfach nur da und sag weiter nichts. Das machst du den ganzen Tag lang.«

»Darf ich denn aufstehen, um Pipi zu machen?«

Bast nickte. »Aber denk dran, immer so zu tun, als wärst du müde. Und du darfst auch nicht spielen. Am nächsten Tag werden sie sich schon sehr große Sorgen machen. Sie werden einen Arzt holen. Sie werden dir Brühe einflößen wollen. Sie werden alles Mögliche versuchen. Irgendwann wird dein Vater bei dir sein und dich fragen, was mit dir los ist.« Bast grinste. »Und dann fängst du an zu weinen. Nicht heulen. Kein Schluchzen. Einfach nur Weinen. Kannst du das?«

»Ja.«

Bast hob eine Augenbraue.

Das kleine Mädchen verdrehte die Augen und stieß einen entnervten Seufzer aus, für den sie zehn Jahre zu jung war. Dann sah sie Bast unverwandt ins Gesicht, blinzelte, blinzelte noch einmal und hatte plötzlich Tränen in den Augen, die ihr gleich darauf die Wangen hinabliefen.

Als Künstler bewunderte Bast so ein Naturtalent, wenn ihm eins unterkam. Er applaudierte ausgiebig, seine Miene feierlich wie die eines Richters.

Viette bedankte sich mit einem kleinen Knicks. »Und dabei habe ich dir noch nicht mal meine bebende Unterlippe gezeigt …«, sagte sie.

»Die ist bestimmt umwerfend, das glaube ich auch so«, sagte Bast ohne auch nur einen Anflug von Spott. Er fuhr fort: »Du liegst also einfach nur da und lässt die Tränen fließen. Du sagst nichts – bis dein Vater kommt und dich fragt. Dann sagst du, dass du dein Kätzchen vermisst. Und vergiss nicht: Du bist ja angeblich ganz schwach und hast schon seit Tagen nichts mehr gegessen. Du lässt einfach nur die Tränen fließen und sagst, dass dir dein Kätzchen so sehr fehlt, dass du ohne es nicht mehr leben magst.«

Das Mädchen dachte eine ganze Weile darüber nach und streichelte indessen mit einer Hand gedankenversunken ihr Kätzchen. Dann nickte sie, sagte »gut« und wandte sich zum Gehen.

»Moment mal!«, sagte Bast schnell. »Ich habe dir zwei Antworten gegeben und eine Möglichkeit aufgezeigt, wie du dein Kätzchen behalten kannst. Dafür schuldest du mir drei Dinge.«

Das kleine Mädchen drehte sich wieder zu ihm um, und ihr Gesichtsausdruck war eine seltsame Mischung aus Überraschung und Verlegenheit. »Ich habe aber gar kein Geld dabei«, sagte sie und wich seinem Blick aus.

»Ich nehme auch kein Geld«, sagte Bast. »Man bezahlt mich mit Gefälligkeiten, kleinen Diensten, Geheimnissen …«

Sie überlegte kurz. »Mein Papa versteckt den Schlüssel zu seiner Geldschatulle in der Kaminuhr.«

Bast nickte anerkennend. »Nummer eins.«

Das kleine Mädchen sah zum Himmel empor und streichelte dabei weiter ihr Kätzchen. »Ich habe mal gesehen, wie meine Mama das Dienstmädchen geküsst hat.«

Bast hob eine Augenbraue. »Nummer zwei …«

Das Mädchen steckte sich einen Finger ins Ohr und wackelte damit. »Mehr weiß ich, glaube ich, nicht.«

»Wie wär's dann mit einer Gefälligkeit?«, sagte Bast. »Du besorgst mir zwei Dutzend langstielige Margeriten. Und eine blaue Schleife. Und zwei Armvoll Gemlinge.«

Viette verzog verwirrt das Gesicht. »Was sind denn Gemlinge?«

»Blumen«, sagte Bast und blickte nun ebenfalls verwirrt. »Vielleicht sagt ihr Springkraut dazu? Die wachsen hier überall wild«, sagte er und wies mit beiden Händen in die Runde.

»Meinst du Geranien?«, fragte sie.

Bast schüttelte den Kopf. »Nein. Sie haben lose Blütenblätter und sind ungefähr so groß.« Er bildete mit Daumen und Mittelfinger einen Kreis. »Sie sind gelb, orange oder rot …«

Das Mädchen starrte ihn nur verständnislos an.

»Die Witwe Creel hat welche in dem Blumenkasten vor ihrem Fenster«, fuhr Bast fort. »Wenn man die Samenkapseln berührt, platzen sie auf …«

Da erhellte sich Viettes Gesicht. »Ach so! Du meinst Rühr-mich-nicht-an«, sagte sie in ziemlich herablassendem Ton. »Davon kann ich dir eine Menge besorgen. Das ist nicht schwer.« Und damit machte sie wieder kehrt und lief den Hügel hinunter.

Doch bevor sie auch nur sechs Schritte weit gekommen war, rief Bast ihr hinterher: »Warte mal!« Als sie sich umdrehte, fragte er: »Und was sagst du, wenn dich jemand fragt, für wen du Blumen pflückst?«

Sie verdrehte ein weiteres Mal die Augen. »Dann sage ich: Das geht dich einen feuchten Kehricht an«, erwiderte sie in herrischem Ton. »Weil mein Papa ist nämlich der Bürgermeister.«

Nach Viettes Abgang legte sich Bast wieder auf dem Hügel ins Gras und schloss die Augen. Nachdem er gerade mal ein Viertelstündchen vor sich hin gedöst hatte, erklang ein greller Pfiff. Der Pfiff war nicht laut, doch Bast richtete sich so schnell auf, als hätte da jemand geschrien.

Abermals erklang ein Pfiff, und nun ertappte sich Bast dabei, dass er unvermittelt aufsprang, als wäre er eine Marionette mit einer Schnur ums Herz. Er rang den Drang nieder, sogleich loszulaufen wie ein zum Fressen gerufener Hund, und zwang sich stattdessen, seinen Hals zu strecken und zu drehen, und fuhr sich dabei mit den Fingern durchs immer noch feuchte Haar.

Von der Hügelkuppe aus sah Bast, dass an dem Graustein keine Kinder warteten. Er schaute sich ein wenig um, und für jemanden, der angeblich so kurzsichtig war, fiel es ihm erstaunlich leicht, die schlanke Gestalt zu entdecken, die etwa sechzig, siebzig Meter entfernt im Schatten der Bäume stand.

Bast schlenderte den Hügel hinab, über die mit Gras bewachsene Lichtung und in den regsamen Waldesschatten hinein. Ein älterer Junge stand dort, dessen knabenhafte Stupsnase die hageren Züge seines schmutzigen Gesichts ein wenig abmilderte. Er war barfuß und hatte zerzaustes Haar, und als Bast näher kam, verlagerte er mit der ängstlichen Energie eines streunenden Hunds – halb bebend vor Trotz, halb bereit wegzulaufen – das Gewicht vom einen auf den anderen Fuß.

»Rike.« Basts Stimme hatte nichts mehr von dem freundlichen, neckenden Ton, den er sonst den hiesigen Kindern gegenüber anschlug. »Wie ist die Straße nach Tinuë?«

»Verdammt weit weg von hier«, erwiderte der Junge in bitterem Ton, ohne Bast anzusehen. »Wir leben hier doch am Arsch der Welt.«

»Wie ich sehe, hast du mein Buch mitgebracht«, bemerkte Bast.

Der Junge hielt es ihm hin, und dabei rutschte ihm die Hemdmanschette hoch und gab den Blick auf seinen dünnen, schmutzigen Arm frei. »Ich hab's nicht geklaut«, murmelte er. »Ich muss bloß dringend mal mit dir reden.«

Bast sah mit finsterer Miene auf das Buch hinab. Er war mit ziemlicher Sicherheit ein Narr, aber ebenso sicherlich keiner, der zu Erbsenzählerei neigte. Als Bast das Buch entgegennahm, schien die Sonne für einen Moment hinter einer Wolke zu verschwinden. Stirnrunzelnd wog er es in der Hand.

»Ich hab nicht gegen die Regeln verstoßen«, beeilte sich Rike zu sagen, den Blick immer noch zu Boden gewandt. »Ich bin nicht mal auf die Lichtung gekommen. Aber ich brauche Hilfe. Und ich zahle auch dafür.«

Bast wollte sich rundheraus weigern. Stattdessen aber sagte er: »Du hast mich angelogen, Rike.«

»Und habe ich etwa nicht dafür gebüßt?«, konterte der Junge in zornigem Ton. »Habe ich nicht zehnfach dafür gebüßt? Ist mein Leben denn nicht schon beschissen genug, auch ohne dass man mir noch mehr Scheiße auflädt?«

»Außerdem weißt du genauso gut wie ich, dass du zu alt dafür bist«, sagte Bast grimmig.

»Bin ich nicht!«, sagte der Junge und stampfte mit dem Fuß auf. Dann biss er die Zähne zusammen, holte tief Luft und war sichtlich bemüht, sich zu beherrschen. »Tam ist ein Jahr älter als ich, und der darf immer noch zum Baum kommen! Ich bin bloß größer als er!«

»Es ist nicht meine Schuld, dass du gegen die Regeln verstoßen hast, mein Junge«, sagte Bast, und obgleich sich sein Gesichtsausdruck nicht verändert hatte, schwang nun etwas Bedrohliches in seiner Stimme mit.

Da sah ihm Rike schließlich doch ins Gesicht, und seine Augen loderten. »Ich bin nicht dein Junge!«, knurrte er und ließ einen kurzen Moment lang seiner Wut freien Lauf. »Und es ist nicht meine Schuld, dass deine Regeln scheiße sind!«, spie er voller Verachtung. »Ich weiß nicht, warum ich mich überhaupt mit dir abgebe!«

Nun stieß Rike wütend seinen Zeigefinger in Basts Richtung und brüllte so wild, dass seine Zähne zu sehen waren.

»Jeder weiß doch, dass du keinen Pfifferling wert bist!« Rikes Augen waren weit aufgerissen und blickten so wild wie bei einem Hund mit Schaum vor dem Maul, so wütend, dass sie fast blind waren. »Du bist ein nichtsnutziger kleiner Scheißkerl, der viel öfter den Gürtel verdient hat, als er ihn kriegt!«

Einen ganzen Moment lang herrschte Stille, und nur die keuchenden Atemzüge des Jungen waren zu hören. Rike blickte wieder zu Boden. Die Arme hatte er, mit geballten Fäusten, wieder gesenkt. Er zitterte.

Basts Augen verengten sich minimal.

»Nur …« Dem Jungen versagte die Stimme, und er schluckte. Dann setzte er neu an. »Nur dieses eine Mal.« Seine Stimme klang nun rauh, als hätte er sich heiser geschrien. »Einen einzigen Gefallen. Nur dieses eine Mal. Ich zahle, was du willst. Ich zahle das Dreifache.« Rike löste seine Fäuste, was ihn sichtlich Mühe kostete. Er zitterte immer noch, aber die Wut war verflogen. »Einmal nur … Bitte …«

Den Blick immer noch zu Boden gerichtet, trat Rike zögernd einen halben Schritt vor. Er streckte die Hand ein wenig aus, ließ sie dann ziellos dort hängen und griff schließlich zaghaft nach Basts Hemdsärmel, zog einmal daran und senkte die Hand wieder. Seine Stimme war dünn wie zerfetztes Schilf. »Bitte, Bast.«

Als Rike seinen Namen aussprach, spürte Bast, wie ihm der kalte Schweiß ausbrach. Er fühlte sich schwach wie nasses Papier. Als wäre seine Lunge voller Wasser. Als wären seine Knochen kaltes Eisen. Als wäre die Sonne am Himmel schwarz geworden.

Dann war plötzlich alles wieder wie zuvor. Bast legte eine Hand an einen nahen Baumstamm. Er spürte die rauhe

Kiefernrinde unter seinen Fingerspitzen. Er schnappte nach Luft und merkte, dass er schon atmete. Er trat einen halben Schritt von dem Jungen fort, gerade nur außerhalb der Reichweite seiner Arme … und war dabei erstaunt, dass seine Beine ihn überhaupt noch trugen.

Rike schaute auf, die Augen voller Tränen. Sein Gesicht war vor Wut und Angst verzerrt. Er war noch zu jung, um die Tränen zurückhalten zu können, und doch schon alt genug, um sich unwillkürlich dafür zu hassen. »Ich kriege das einfach nicht allein hin.«

Bast atmete einmal tief durch. »Rike …«

»Du musst meinen Vater beseitigen«, sagte der Junge mit gebrochener Stimme. »Ich weiß nicht, wie ich das anstellen soll. Ich könnte ihn abstechen, wenn er schläft, aber das würde meine Mutter mitkriegen. Er säuft und schlägt sie. Und sie weint die ganze Zeit, und dann schlägt er sie noch mehr.«

Bast stand vollkommen reglos da, als würde er jeden Moment zurückzucken.

Doch Rike hatte den Blick wieder zu Boden gesenkt, und nun sprudelten die Worte nur so aus ihm hervor. »Ich könnte ihn erledigen, wenn er sich irgendwo besoffen hat, aber er ist so groß und schwer. Ich könnte ihn da nicht wegschaffen. Sie würden ihn finden, wenn er tot ist, und mich drankriegen. Dann könnte ich meiner Mutter nicht mehr in die Augen sehen. Nicht wenn sie es wüsste. Ich kann mir gar nicht vorstellen, was das für sie bedeuten würde, wenn sie wüsste, dass ich jemand bin, der in der Lage ist, seinen eigenen Vater umzubringen.«

Da hob er den Blick, und seine Augen waren wütend und vom Weinen gerötet. Als er dann wieder sprach, war seine

Stimme tonlos und kalt. »Aber ich würde es tun. Ich würde ihn umbringen. Ich brauche dazu bloß deine Hilfe.«

Für einen Moment, der nicht länger währte als ein Atemzug, herrschte Schweigen zwischen ihnen.

Dann sagte Bast: »Also gut.«

Mittagszeit

Verpflichtung

Rike brauchte einen Moment, um sich zu sammeln – das nahm Bast zumindest an. Gesagt hatte der Junge, dass er mal schnell nach den Pferden sehen musse, und war dann flugs im Gebüsch verschwunden.

Bast seufzte wie ein Kind in der Kirche und spähte zur Sonne hinauf. Das Räderwerk seines Verlangens kam nicht zum Stillstand, bloß weil irgendein Bauer zu viel soff. Er hatte an diesem Tag schon genug zu tun. Emberlee würde bald ihr Bad nehmen. Und er musste auch noch Karotten für den Eintopf besorgen …

Doch die uneingelöste Schuld dem Jungen gegenüber kam ihm vor wie ein Dorn, der ihm durch die Zunge drang. Und das auch nur, wenn Rike nicht in der Nähe war. In seiner Gegenwart kam sie Bast eher wie ein frisch abgezogenes Rasiermesser vor, das ihm an die Kehle gedrückt wurde. Und dass der Junge nicht wusste, dass er es war, der das Messer hielt, wirkte dabei keineswegs beruhigend.

Und als wäre die Situation nicht schon verfahren genug,

hatte der Junge Basts Vertrauen bereits einmal missbraucht. Das war keine Kleinigkeit.

Bevor er mit seinem Herrn in diesen Ort gezogen war, hätte Bast den Verrat des Jungen in vollen Zügen ausgekostet. Rache war so ein urwüchsiges Verlangen. Sie war befriedigend und rein wie Feuer. Eine dunkle, harte Wonne war es, einem Sterblichen etwas so gründlich heimzuzahlen, dass seine ganze Existenz dabei in Schutt und Asche gelegt wurde.

Nun aber fand sich Bast zum allerersten Mal in einer Lage wieder, in der es ihm nicht freistand, derlei Dinge zu tun. Besser gesagt: Es stand ihm frei, zwischen dem einen und dem anderen Verlangen zu wählen. Er konnte entweder die süße, schreckliche Rache üben, die ihm zustand … oder weiterhin seinem Herrn dienen, ihr gemeinsames Inkognito wahren und sich auch künftig in dem neu errichteten Wirtshaus in diesem ruhigen kleinen Ort verstecken.

Und so hatte sich Bast im vergangenen Sommer dazu entschieden, seinem Verlangen nicht nachzugeben – ein Akt, der ihm ungefähr so natürlich vorkam, als hätte er sich die eigene Zunge herausgerissen. Gewiss, er hatte Rike seinen Verrat dennoch heimgezahlt. Er hatte sich gerächt, ganz heimlich, still und leise. Doch für Bast hatte sich das angefühlt, als hätte er Appetit auf Steak gehabt und man hätte ihm stattdessen Haferschleim vorgesetzt. Es war, als hätte man die Lust auf Wein befriedigen wollen, indem man am Schatten des Weinglases an der Wand leckte.

Und das hier war nun also offenbar Basts Belohnung dafür, dass er eine so bemerkenswerte Zurückhaltung an den Tag gelegt und seinem natürlichen Verlangen zuwidergehandelt hatte: Der Junge, den er verschont hatte, hatte ihn nun an die Leine gelegt.

Der Gefallen jedoch, um den Rike ihn gebeten hatte … der mochte sich durchaus noch als verkappter Glücksfall erweisen. Wenn Bast schnell genug einschritt, bestand die Chance, dass er sich von der Leine befreien konnte, bevor ein Unheil geschah. Fast wäre es da gerade im Wald schon dazu gekommen.

Abermals seufzend schaute Bast sich ziellos um, bis Rike schließlich aus dem Gebüsch zurückkam und dabei immer noch seine Hose zuschnürte. Wortlos machte Bast kehrt und führte den Jungen aus dem Wald heraus auf die Lichtung vor dem Hügel.

Bast ging zu dem Graustein. Da dort keine Kinder warteten, blieb er stehen und wandte sich zu Rike um. »Sag mir genau, was du willst«, forderte er und lehnte sich an die Seite des sonnengewärmten großen Steins. »Willst du ihn umbringen? Oder willst du bloß, dass er verschwindet?«

Mit immer noch geröteten Augen beugte sich Rike unter der Last der Frage, die Hände tief in die Taschen gesteckt. »Vor etwa einem Jahr ist er mal für zwei ganze Spannen verschwunden.« Der Hauch eines Lächelns huschte über das schmutzige Gesicht des Jungen. »Das war eine schöne Zeit, nur Tess und ich und unsere Mama. Wenn ich morgens aufgewacht bin, und er war nicht da, kam's mir jeden Tag so vor, als hätt ich Geburtstag. Ich hatte meine Mama bis dahin noch nie singen hören …«

Nach kurzem Schweigen fuhr der Junge fort: »Damals dachte ich, er wäre irgendwo besoffen umgekippt und hätte sich endlich das Genick gebrochen.« Nun war das Lächeln wieder verschwunden. Rike rieb sich die Augen und spie ins

Gras. »Wie sich dann rausstellte, hatte er einfach nur einen Haufen Pelze verkauft und sich von dem Geld einen halben Monat lang in seiner Trapperhütte volllaufen lassen.«

Rike nahm die Hände aus den Taschen, wusste offenbar nicht, wohin damit, und steckte sie wieder hinein. Er schüttelte den Kopf. »Nein. Wenn er einfach nur weg wäre, würde ich nie wieder ruhig schlafen können, aus Furcht, dass er wiederkommt.« Rike schwieg einen Moment lang. »Nein«, sagte er noch einmal, mit mehr Nachdruck. »Nein. Wenn er bloß weggeht, weiß ich, dass er nicht wegbleiben wird.«

»Das Wie überlass mal mir«, sagte Bast. »Aber du musst mir sagen, was du wirklich willst.«

»Es muss bald geschehen«, sagte Rike, wobei eine leichte Panik in seiner Stimme mitschwang. »Was macht das da schon für einen Unterschied?«

Bast sah kurz zur Sonne hinauf und seufzte. Manche Dinge ließen sich nicht so leicht ignorieren.

Und doch konnte man manche Dinge nicht so leicht vergessen.

Sich von dem Jungen abwendend, holte Bast den Lederbeutel hervor und zog einen Embril. Den verbarg er in der Faust und hielt den offenen Beutel dann wortlos dem Jungen hin.

Rike schaute erst verwirrt, zog aber, nachdem er kurz in dem Beutel gewühlt hatte, das Schieferplättchen mit der Kette. Die glänzte diesmal nicht gülden, sondern nur silbergrau nach Eisen.

Bast öffnete seine Faust, und zum Vorschein kam ein grobes Scheibchen Obsidian, das mit keinerlei Abbildung versehen war. Eine Kante war jedoch abgebrochen, und während sie beide darauf hinabschauten, quoll plötzlich leuchtend rotes Blut hervor, wo die Kante in Basts Handfläche gedrungen war.

Verächtlich schnaubend verdrehte Bast mit finsterem Blick die Augen, so als hätte ihm die Welt gerade einen äußerst langatmigen und unlustigen Witz erzählt. Mit ungnädiger Geste hielt er dem Jungen den Beutel hin und rüttelte, als Rike das Schieferplättchen nicht sofort hineintat, vor ihm damit herum.

Als das erledigt war, steckte Bast die Embrils wieder ein und sah dem Jungen in die Augen. »Wie ist der Name deines Vaters?«

»Jessom«, sagte Rike und schaute drein, als hätte er mit einem Mal einen bitteren Geschmack im Mund.

»Mal angenommen, wir kommen zu einer Einigung. Mal angenommen, wir einigen uns bald. Wie lautet denn nun dein Wunsch? Willst du, dass er stirbt oder verschwindet?«

Rike stand einen ganzen Moment lang da, und seine Kiefermuskeln bebten. »Er soll verschwinden«, sagte er schließlich. Das Wort schien ihm in der Kehle stecken zu bleiben. »Er soll für immer verschwinden. Wenn du das wirklich tun kannst.«

»Das kann ich«, erwiderte Bast ganz ruhig.

Rike sah Bast an und dann wieder auf seine Hände hinab. »Dann also verschwinden«, sagte er schließlich. »Ich würde ihn umbringen. Aber das wäre nicht recht. So ein Mann will ich nicht sein. Ein Mann sollte nicht seinen eigenen Vater umbringen.«

»Ich könnte auch das für dich erledigen«, sagte Bast leichthin, als würden sie einfach nur Hausarbeiten tauschen. »Dann hättest du kein Blut an den Händen.«

Rike saß einen Moment lang reglos da und schüttelte den Kopf. »Aber das wär doch das Gleiche, nicht wahr? Ich wär's gewesen, so oder so. Und wenn ich's eh gewesen wär, wär's ehrlicher, wenn ich's mit eigenen Händen tun würde – statt mit Worten.«

Bast zuckte nur die Achseln. »Also gut. Für immer verschwinden?«

»Für immer verschwinden«, sagte Rike und schluckte schwer. »Was wird mich das kosten?«

»Sehr viel«, sagte Bast. »Und mit Brötchen und Knöpfen ist es da nicht getan. Überleg mal, wie sehr du das willst. Und überleg mal, was für eine große Sache das ist.« Er sah dem hageren Jungen in die Augen und wandte den Blick nicht mehr ab. »Und das nimmst du mal drei. So viel wird dich das kosten. Und dann noch was oben drauf, weil es bald geschehen muss.« Er sah dem Jungen eindringlich in die Augen. »Überleg dir das gut.«

Rike war nun ein wenig blass geworden, aber sein Blick hatte etwas Steinernes, und sein Mund war zu einem Strich zusammengekniffen. »Ich gebe dir, was du willst«, sagte er. »Aber nichts von meiner Mama. Sie hat nicht mehr viel, was Papa noch nicht versoffen hat.«

Bast musterte den Jungen einmal von oben bis unten. »Du gehörst mir – bis ich sage, dass wir quitt sind. Geheimnisse. Gefälligkeiten. Was auch immer.« Bast bedachte ihn mit einem strengen Blick. »Das ist die Abmachung.«

Rike war indes noch blasser geworden, nickte aber. »Solange es nur um mich geht. Nichts von meiner Mama und nichts, was irgendwas mit ihr zu tun hat. Und es muss wirklich bald geschehen«, sagte er. »Es wird immer schlimmer mit ihm. Ich kann ja weglaufen, aber meine Mama kann das nicht. Und die kleine Bip erst recht nicht. Und außerdem …«

»Schon gut«, unterbrach Bast ihn gereizt und winkte ab. »Und ja, es wird bald geschehen.«

Bast wandte sich ab, umrundete einmal den Graustein und ging dann die Hügelflanke hinauf, wobei er Rike mit einem Wink aufforderte, ihm zu folgen. Schweigend schritten sie eine Minute lang hügelan. Die Sonne verschwand hinter einer Wolke und ließ den milden Sommertag mit einem Mal trist und kühl erscheinen.

Zum ersten Mal seit über einem Jahr betrat Bast mit Rike im Schlepptau die Hügelkuppe. Gemeinsam stellten sie sich vor den kahlen weißen Stamm des Blitzbaums. Der Wind frischte ein wenig auf und fuhr in Basts schwarzes Haar, und in diesem Moment kam die Sonne wieder hinter der Wolke hervor und tauchte erneut alles in ein butterweiches, warmes Licht.

Bast hielt seine blutrote Handfläche empor und drückte sie dann fest an den rindenlosen Baumstamm. Mit der anderen Hand warf er das abgebrochene Obsidianscheibchen zu Rike hinüber.

Rike fing den Embril geschickt auf und schnitt sich damit, ohne zu zögern, direkt unterhalb der vier Finger in den Handteller. Blut quoll hervor, und Rike trat näher heran und drückte nun ebenfalls seine Hand an das warme, glatte Holz.

So standen die beiden da, einer größer, einer kleiner. Mit ausgestreckten Armen standen sie an entgegengesetzten Seiten des Stamms, und dadurch sah es so aus, als würden sie den zerborstenen Baum aufrecht halten.

Bast sah dem Jungen in die Augen. »Willst du einen Handel mit mir abschließen?«

Rike nickte.

»Dann sag es«, sagte Bast.

Rike sagte: »Ich will einen Handel abschließen.«

Bast schüttelte kaum merklich den Kopf. »Sag: ›*Bast, ich will, dass du einen Handel mit mir abschließt.*‹«

Rike atmete tief durch. »Bast«, sagte er dann so todernst und feierlich, dass selbst ein Priester neidisch geworden wäre, »bitte schließ einen Handel mit mir ab.«

Rike sah zu, wie Bast ein klein wenig den Kopf neigte. Der Körper des großen Mannes bebte ein wenig, als würde er sich mit einem Mal eine immens schwere Last aufladen.

Bast holte tief Luft und richtete sich auf. Mit vorsichtigen Schritten ging er nun einmal um den Baum herum – und blieb zugleich doch an Ort und Stelle stehen. Rike stutzte blinzelnd, wusste offenbar nicht recht, was er da gerade gesehen hatte. Dann drehte sich Bast wie ein Tänzer wirbelnd im Kreis – und schaffte es zugleich irgendwie, stillzustehen und die Hand nicht von dem zerborstenen Baumstamm zu lösen. Rike blinzelte und blinzelte. Die Stelle, an der Bast stand, flirrte wie eine flache Straße an einem glühend heißen Sommertag.

Bast achtete sehr darauf, keine sanft kreisenden Handbewegungen zu machen, und verkniff sich auch ein Grinsen. Jeden Tag machte er sich diesen Ort zu eigen. Er wob ihn fest, er laugte seine Abwehr aus.

Bast atmete ungehindert tief ein und spürte, wie die Welt an den Rändern ins Gleiten geriet und sich zu falten begann. Da war der Geruch von zerfetztem, brennendem Holz. Die Sonne flackerte am Himmel. Die Schatten unter den ausladenden Ästen der Eiche waren dunkel wie die Nacht. Die Sterne waren zum Vorschein gekommen.

Bast lächelte, als die Zeit unter der Last seines Verlangens sich zu verschieben und auszusetzen begann. Die Luft stand still. Seine Augen waren dunkel und schrecklich. Und dann hob er, anmutig wie ein Tänzer, ein Bein, um einen Schritt zu tun …

… und damit kam Bast zum ersten Mal an diesem Tag mit Rike auf die Hügelkuppe. Und erneut. Sie kamen zum ersten Mal dorthin – und zugleich erneut. Und gemeinsam stellten sie sich vor den kahlen Stamm des Blitzbaums. Der Sonnenschein war honigwarm. Der Wind ließ ihnen das hohe Gras um die Beine streichen.

Bast sah Rike in die Augen und nickte ernst.

»Hilf mir, dafür zu sorgen, dass mein Papa verschwindet«, sagte Rike. »Für immer. Damit meine Mama ihn nie wieder sehen muss.«

Bast drückte seine blutige Handfläche an das unberührte Weiß des Baumstamms. »Für immer verschwinden«, willigte er ein. »Und zwar bald.«

»Wenn du mir diesen Gefallen tust«, sagte Rike, »bin ich dir was schuldig. Dann werde ich für dich arbeiten …«

»Nein«, erklang Basts Stimme wie ein Block Blei. Er warf Rike das scharfe Obsidianscheibchen hin, und tiefroter Sonnenuntergang schillerte wie Blut auf dessen abgebrochener Kante. »Wenn ich das mache, *gehörst du mir*, bis ich etwas anderes sage.«

Rike schluckte schwer. »Ich schwöre es«, sagte er und schnitt sich unterhalb des Daumens in die Handfläche. Der weiße Stamm des Blitzbaums wurde vom Sonnenuntergang rot gefärbt, als Rike seine blutige Hand daran drückte. »Und du sorgst dafür, dass er so weit weggeht, dass sein Schatten nie wieder auf einen Weg fällt, auf den meine Mama auch nur einen Fuß setzen muss.«

Bast führte Rike an ihre beiden Plätze am Blitzbaum, zum ersten Mal und erneut. Der Wind strich kühl um sie her und trocknete ihnen den Schweiß von der Stirn. Basts Haut wirkte im schwindenden Licht blasser, so als finge sie den Schein der hängenden Mondsichel ein.

Rike taumelte ein wenig und stützte sich dann mit einer Hand am Stamm des Blitzbaums ab. Er spürte, wie das kühle, trockene Holz sein Blut aufsog.

Bast drückte seine Hand an die fahle Seite des Baumstamms. »Wenn ich das mache, gehörst du mir, bis ins Mark deiner Knochen hinein.« Seine Augen hatten die gleiche makellos violette Farbe wie der Abenddämmerungshimmel hinter ihm. »Ich verlange deinen Daumen? Du läufst sofort los und holst ein Ausbeinmesser. Du hast nachts einen süßen Traum? Dann bindest du eine Schleife drum und bringst ihn auf dem schnellsten Wege zu mir.«

»Ich schwöre es«, bibberte Rike in der kühlen Abendluft. Er schnitt sich in die Hand. Seine Hand wurde an den Baum gedrückt. Bast reichte ihm den Embril, und er griff ihn. »Mach, dass er weggeht und nie wiederkommt.« Rike leckte sich über die Lippen. »Aber lass ihn am Leben, auch wenn mein Herz will, dass er stirbt.«

Als Rike zum ersten Mal seit über einem Jahr die Hügelkuppe betrat, sah er, dass Bast dort bereits in der Dunkelheit neben dem Blitzbaum auf ihn wartete. Der Wind war scharf, und der Embril, den er in der Hand hielt, fühlte sich kälter an als ein Eissplitter. Der Mond hing, hell und scharfkantig, direkt über ihnen.

Rike stach sich nacheinander in die Finger. Seine Hand wirkte im Mondschein unwirklich weiß. Die einzelnen Blutstropfen waren tiefschwarz.

»Er wird ihr nie wieder unter die Augen kommen«, sagte Rike. »Tess wird sich nie wieder verstecken müssen, wenn sie Stiefelschritte draußen vor der Tür hört. Die kleine Bip wird nie seinen Namen lernen müssen. Er wird verschwinden, bis wir alle sein Gesicht endgültig vergessen haben und uns nicht mal mehr im Traum daran erinnern.« Er legte seine Finger an den Baum und spürte, wie sie kalt wurden und brennend daran haften blieben, als hätte er mitten im kältesten Winter den Pumpenschwengel berührt.

»Wenn ich das mache, werde ich dir nie wieder etwas anderes schuldig sein«, sagte Bast, und seine abwesend blickenden Augen funkelten wie die Sterne am tiefschwarzen Firmament. »Jedwede Schuld und jedwede Verpflichtung werden damit beglichen sein. Alles, was du mir je gegeben hast, wird damit zu einem aus freien Stücken gemachten Geschenk, aus dem keinerlei Verpflichtung erwächst.«

»Wenn du das machst, sind wir ein für alle Mal quitt«, sagte Rike. »Und ich werde tun, was auch immer du von mir verlangst. Nur nichts, was sich gegen meine Mama, gegen Tess oder die kleine Bip richten würde. Ich schulde nur, was mir gehört, und das ist die Abmachung.«

Bast reckte den Arm empor, fuhr sacht mit der Handfläche an der messerscharfen weißen Kante der Mondsichel entlang und drückte die Hand dann an den Baumstamm. »Für immer verschwinden – und zwar noch lebend – und das bald. Ich schwöre es bei meinem Blut und meinem Namen. Ich schwöre es bei dem ewig wandernden Mond.« Basts Haut schien in der Dunkelheit fast zu leuchten. »Hier an diesem Ort, zwischen dem Stein und dem Himmel, schwöre ich es dir dreimal, und damit ist es abgemacht.«

Rike löste sich von dem Baum. Er streckte eine Hand aus, als wollte er sein Gleichgewicht wahren, obwohl er gar nicht schwankte. Ihm war auch nicht schwindelig, aber er schloss dennoch die Augen, atmete tief durch und legte beide Hände auf die warme Oberfläche des Grausteins, auf dem er saß.

Bast leckte sich das Blut von der Handfläche und beobachtete Rike dabei wie eine Katze. Die Sonne kam hinter einer Wolke hervor und wärmte sie beide, während der Wind wispernd durchs hohe Gras wogte.

Rike wippte ein paarmal mit den Füßen und sprang dann von dem Graustein, auf dem er gesessen hatte, auf den grasbewachsenen Boden hinab. »Also. Womit fangen wir an?«

»Erstens: Zeig mal deine Hände her«, sagte Bast.

»Warum?«, fragte Rike verwirrt.

Bast neigte den Kopf minimal und bedachte den Jungen mit einem Blick, aus dem abgrundtiefe Teilnahmslosigkeit sprach.

Rike erbleichte, trat sofort vor und streckte ihm seine Hände hin. Bast berührte zunächst vorsichtig mit einer Fingerspitze einen Handrücken des Jungen. Nichts. Dann griff er sanft nach Rikes Handgelenk. Nachdem er nun anscheinend Vertrauen gefasst hatte, nahm Bast beide Hände des Jungen und drehte sie mit den Handflächen nach oben. Sie waren schmutzig und verschrammt wie vom Klettern auf Felsen oder Bäumen. Auch ein paar ältere Narben waren darauf zu sehen, aber sonst nichts.

Anscheinend zufrieden ließ Bast die Hände des Jungen los, die der daraufhin locker herabhängen ließ. Bast widerstand dem Drang, sich die eigenen Hände an der Hose abzuwischen. »Zweitens: Finde Kostrel«, sagte er stattdessen. »Sag ihm, ich habe etwas von dem, was ich ihm schulde.«

Einen kurzen Moment lang sah es so aus, als ob Rike etwas darauf erwidern würde. Dann aber nickte er nur knapp.

Bast lächelte daraufhin schalkhaft und nickte anerkennend. »Aller guten Dinge sind drei«, sagte er und deutete auf den Bach. »Geh und such einen Flussstein mit einem durchgehenden Loch und bring ihn mir.«

»Einen Feenstein?«, platzte Rike heraus.

Das musste Bast im Keim ersticken. »Feenstein?«, sagte er in einem so abfälligen Ton, dass Rike rot anlief. »Für so einen Blödsinn bist du doch wohl schon zu alt.« Bast warf dem Jungen einen Blick hin. »Willst du meine Hilfe oder nicht?«, fragte er.

»Ja, will ich«, antwortete Rike kleinlaut.

»Dann bring mir einen Flussstein«, sagte Bast und deutete mit gebieterischer Geste zu dem nahen Bach hinüber. »Du musst derjenige sein, der ihn findet«, improvisierte er. »Das darf kein anderer sein. Und du darfst ihn auch nicht durch einen Tausch bekommen haben. Und du musst ihn auf die richtige Weise suchen, damit wir ihn für den Zauber verwenden können: Er muss trocken am Ufer liegen, dort, wo die Sonne ihn berührt hat, und das Loch muss nach oben zum Himmel weisen.«

Rike nickte.

Bast klatschte einmal kräftig in die Hände. Es klang wie ein ganz leichter Donnerschlag. Rike lief los wie ein Jagdhund, der einem Hasen nachstellt.

Bast legte sich wieder ins Gras, rupfte einen Halm aus und kaute darauf herum. Er rieb sich die Brust und freute sich daran, wie leicht ihm ums Herz war. Ja, er hatte eine Abmachung, an die er sich halten musste. Und Rike hatte auf »bald« bestanden, und Bast hatte es geschworen, und daher musste er sich noch am heutigen Tage darum kümmern. Und ja, er hatte bereits andere Pläne, und das hier würde die Dinge komplizieren …

Doch wer wusste nicht gelegentlich eine kleine Herausforderung zu schätzen? Und wenn er dadurch auch ein bisschen mehr zu tun bekam: Welcher Tag wäre dafür besser geeignet als Mittsommer? Bast hätte den zehnfachen Preis dafür gezahlt, nicht mehr unter der Knute des Jungen zu stehen. Den fünfzigfachen. Er lächelte wie eine Katze, die ein Fenster kennt, durch das sie in die Molkerei schlüpfen kann. Es gab noch viel zu tun, aber als Künstler empfand Bast eine gewisse Befriedigung angesichts dessen, was er da eingefädelt hatte.

Nachmittag

Brennerei

Da keine Kinder warteten, ließ Bast am nahen Bach Steine übers Wasser hüpfen. Er schlich sich an einen Frosch heran und erschreckte ihn. Er blätterte im *Celum Tinture* und betrachtete die Illustrationen: Kalzifikation. Titration. Sublimation. Er zog zwei Embrils und grübelte dann lange über die Kombination aus der Leeren Waage und dem Winterbaum nach.

Brann – froh, der Tracht Prügel entronnen zu sein und mit sorgfältig verbundener Hand – brachte ihm zwei mit Ahornsirup gesüßte Brötchen, die in ein feines weißes Taschentuch eingeschlagen waren. Bast aß eins davon und legte das andere beiseite.

Viette brachte ihm etliche Arme voller Blumen und ein schönes blaues Band. Bast flocht die Margeriten zu einem Kranz und fügte dabei auch das Band ein, sodass es sich in einem kunstvollen Muster um die Stiele schlängelte.

Als Bast schließlich zur Sonne hinaufblickte, sah er, dass es fast Zeit war. Er zog sich das Hemd aus und füllte es mit den roten und gelben Rühr-mich-nicht-an. Dann legte er auch noch das Taschentuch und den Kranz hinein, suchte sich einen passenden Stock und knotete das Ganze zu einem Bündel, sodass er alles tragen konnte, ohne es womöglich zu zerdrücken.

Er ging an der alten Steinbrücke vorbei, dann weiter in Richtung Gebirge und um einen Felsen herum, bis er die Stelle fand, die Kostrel beschrieben hatte. Sie lag sehr versteckt, der Bach machte dort einen Bogen und ergoss sich in einen hübschen kleinen Weiher, der sich ideal als geheime Badestelle eignete.

Bast ging von dort stromaufwärts und beobachtete aufmerksam den Lauf des Wassers. An einer sumpfigen Stelle und dann bei einem Felsvorsprung musste er einen Bogen machen, und schließlich zwang ihn ein absolut undurchdringliches wildes Himbeergestrüpp zur Umkehr. Er ging stromabwärts zurück, überquerte auf der alten Steinbrücke den Bach und erkundete dann von dort aus das andere Ufer.

Diesmal stieß er auf weniger Hindernisse und konnte dem Bachverlauf viel näher bleiben. Er betrachtete das Wasser genau, warf ein Blatt, ein Stück Rinde, eine Handvoll Gras hinein. Er spähte zur Sonne hinauf. Er lauschte auf den Wind. Er huschte ein Dutzend Mal am Ufer hin und her.

Irgendwann hatte er dann entweder alles erfahren, was er wissen wollte, oder es wurde ihm schlicht langweilig. Er ging zu dem abgelegenen, schattigen Weiher zurück, kauerte sich dort hinter ein Gebüsch und war schon fast eingenickt, als ihn das Knacken eines Zweigs und ein Liedfetzen schlagartig wieder weckten. Als er hinsah, erblickte er eine junge Frau, die vorsichtig den steilen Hang zum Ufer des Weihers hinabging.

Leise schlich Bast nun mit seinem Bündel stromaufwärts. Drei Minuten später kniete er auf einer grasbewachsenen Uferstelle, auf der er den vielfarbenen Blumenhaufen abgelegt hatte.

Er hielt sich eine gelbe Blüte vors Gesicht, und als sein Atem darüber strich, änderten die Blütenblätter ihre Farbe und waren mit einem Mal zartblau. Er setzte sie ins Wasser und sah zu, wie die Strömung sie langsam davontrug.

Dann griff sich Bast eine Handvoll roter und orangefarbener Blumen und hauchte auch sie an. Und auch sie nahmen einen leuchtend hellblauen Farbton an. Er streute sie in den Bach und machte das noch dreimal, bis keine Blumen mehr übrig waren.

Schließlich nahm er das Taschentuch und den Margeritenkranz und sprintete den ganzen Weg zurück, über die Brücke und bis zu der lauschigen kleinen Badestelle, die hinter der Ulme verborgen war. Er lief so schnell, dass Emberlee in diesem Moment gerade erst am Ufer ankam.

Heimlich, still und leise schlich er sich an die weit ausladende Ulme heran. Und obwohl er in einer Hand das Taschentuch und den Kranz hielt, kletterte er flink wie ein Eichhörnchen den Baum hinauf.

Bald schon lag Bast, schnell, aber leise atmend, auf einem der unteren Äste, hinter Laub verborgen. Emberlee zog sich die Strümpfe aus und legte sie vorsichtig auf einer nahen Hecke ab. Ihr glänzend goldrotes Haar fiel in sanften Locken herab. Ihr Gesicht war lieblich und rund, ihr Teint hübsch blassrosa.

Bast grinste, während er zusah, wie sie sich umschaute, erst nach links, dann nach rechts. Nun begann sie, ihr Mieder aufzuschnüren. Ihr Kleid war kornblumenblau und gelb gesäumt, und als sie es auf der Hecke ausbreitete, bauschte es sich und flatterte wie der Flügel eines Vogels. Vielleicht eine fantastische Kreuzung aus Fink und Häher.

Nur noch mit ihrem weißen Unterhemd bekleidet, schaute sich Emberlee abermals um, erst nach links, dann nach rechts. Nun schlüpfte sie mit einer faszinierenden Bewegung aus dem Hemd. Sie warf es beiseite und stand dann da, nackt wie der Mond. Ihre cremeweiße Haut war erstaunlicherweise voller Sommersprossen. Ihre Hüften waren breit und wunderschön und ihre Brustwarzen von dem allerzartesten Rosa.

Sie watete ins Wasser, dessen Kälte ihr eine Reihe kleiner erschrockener Schreie entlockte. Recht bedacht, ähnelten diese Schreie im Grunde überhaupt nicht denen einer Krähe. Vielleicht hatten sie doch eher etwas von denen eines Reihers.

Emberlee wusch sich ein wenig, platschend und zitternd. Sie schäumte ein Stück Seife zwischen den Händen auf und seifte sich damit ein. Dann tauchte sie mit dem Kopf unter und kam nach Luft schnappend wieder empor. Nass hatte ihr lockiges Haar, das nun an ihr klebte, die Farbe reifer Kirschen.

In diesem Moment trieb die erste blaue Rühr-mich-nicht-an auf dem Wasser herbei. Emberlee betrachtete sie neugierig, während die Blüte an ihr vorbeitrieb, und begann, sich das Haar einzuseifen.

Weitere Blumen folgten. Sie trieben auf dem Bach herbei und umkreisten Emberlee, gefangen in dem langsamen Strudel des kleinen Weihers. Emberlee betrachtete sie verblüfft. Dann nahm sie eine Handvoll davon aus dem Wasser, hielt sie sich vors Gesicht und sog ihren Duft ein.

Sie lachte entzückt, tauchte unter und kam inmitten der Blumen wieder an die Oberfläche. Das Wasser schwappte über ihre blasse Haut, doch die Blüten blieben an ihr hängen, verhedderten sich in ihrem Haar und schmiegten sich an ihre Haut, als wollten sie sie nicht wieder loslassen.

In diesem Moment fiel Bast aus dem Baum.

Ein kurzes, wildes Scharren von Fingern an Rinde war zu hören, ein leiser Aufschrei, und dann prallte er wie ein Sack voll Talg auf dem Boden auf. Er landete auf dem Rücken im Gras und stieß ein leises, klägliches Ächzen aus.

Er hörte ein Plätschern, dann tauchte Emberlee über ihm auf. Sie hielt sich ihr weißes Unterhemd vor den Leib. Bast schaute aus dem hohen Gras zu ihr hinauf.

Er hatte Glück gehabt, dass er auf dieser weichen Stelle gelandet war. Ein paar Meter weiter, und er wäre auf einem Felsen aufgeschlagen. Ein paar Meter in die andere Richtung, und er hätte sich nun im Schlamm gewälzt.

Emberlee kniete sich neben ihn, ihre Haut hell, ihr Haar dunkel. Eine Blüte schmiegte sich noch an ihren Hals, und sie hatte die gleiche Farbe wie Emberlees Augen: ein helles und doch strahlendes Blau.

»Oh«, sagte Bast freudig, während er mit leicht benommenem Blick zu ihr hochsah. »Du bist ja noch viel schöner, als ich gehofft habe.«

Emberlee verdrehte die Augen, schenkte ihm aber dennoch ein liebevolles Lächeln.

Er hob eine Hand, als wollte er ihr über die Wange streichen, und stellte dabei fest, dass er immer noch den Kranz und das verknotete Taschentuch hielt. »Ah«, sagte er, sich erinnernd. »Ich habe dir auch ein paar Margeriten mitgebracht. Und ein süßes Brötchen!«

»Danke«, sagte sie und nahm den Margeritenkranz mit beiden Händen entgegen. Dazu musste sie ihr Unterhemd loslassen. Es fiel sacht ins Gras.

Bast blinzelte, für einen Moment sprachlos.

Emberlee neigte den Kopf, um den Kranz zu betrachten. Das Band darin war von einem aparten Blau, das aber längst nicht so schön war wie das ihrer Augen. Sie hob den Kranz mit beiden Händen empor und setzte ihn sich stolz aufs Haar. Mit immer noch erhobenen Armen blickte sie zu Bast hinab und atmete tief ein.

Basts Blick glitt von dem Kranz aus abwärts.

Sie lächelte ihn nachsichtig an.

Bast holte Luft, um etwas zu sagen, hielt dann inne und atmete noch einmal durch die Nase ein. Geißblatt.

»Hast du etwa meine Seife geklaut?«, fragte er ungläubig.

Emberlee lachte nur, beugte sich hinab und küsste ihn.

Später ging Bast in einem weiten Bogen die Hügel nördlich der Ortschaft hinauf. Es war wild und felsig dort. Der Boden eignete sich nicht für die Landwirtschaft, und das Terrain war zu tückisch, um als Weideland zu dienen.

Trotz der Wegbeschreibung des Jungen brauchte Bast einige Zeit, bis er Martins Brennerei fand. Das musste er dem verrückten Scheißkerl lassen: Zwischen all den Dornengestrüppen, Geröllfeldern und umgestürzten Bäumen wäre Bast niemals zufällig darauf gestoßen. Was auf den ersten Blick wie ein Weidendickicht aussah, entpuppte sich als Zugang zu einem kleinen, mit Buschwerk bewachsenen Tal. Und am hinteren Ende des Tals gab es einen Überhang über einer kleinen Höhle, und daraus ragten drei Viertel einer Hütte hervor.

Bast verlangsamte seine Schritte, als er die Eingangstür der Hütte erblickte. Er hatte einige Erfahrung im Auskundschaften von Orten, die verborgen bleiben sollten, und kannte daher unzählige simple, aber gemeine Tricks, mit denen allzu neugierige Leute ferngehalten werden konnten.

Bast spürte eine leichte Erregung in sich aufwallen, als er vorsichtig danach zu suchen begann, was Martin zum Schutz seiner Brennerei installiert hatte. Die meisten Leute legten bei so etwas eine gewisse Zurückhaltung an den Tag, da sie wussten, dass es am ehesten ihre Nachbarn sein würden, die dort herumspionierten. Es war eine Sache, eine Falle aufzustellen, die jemanden mit Kratzern oder humpelnd zurückließ, damit man wusste, wer da seine Nase in etwas gesteckt hatte, das ihn nichts anging. Mit seinen Nachbarn musste man ja schließlich auch weiterhin auskommen, und daher gab es normalerweise Grenzen dessen, wozu die meisten Leute in solchen Fällen griffen.

Martin war jedoch weder für seine Zurückhaltung noch für seine Freundlichkeit bekannt – von seinem Bestreben, gut mit seinen Nachbarn auszukommen, ganz zu schweigen. Bast wusste das besser als jeder andere, hatte Martin doch – nicht einmal eine Minute nachdem Bast ihm zum ersten Mal begegnet war – ein Beil nach ihm geschleudert und dabei auf seinen Kopf gezielt, bevor er dann mit erhobenen Fäusten auf ihn losgestürmt war und irgendwas von Dämonen und Gerste gebrüllt hatte. Bast hätte gern besser verstanden, was er da brüllte, war damals aber zu sehr damit beschäftigt gewesen, quer durch den Wald vor ihm wegzulaufen – wie ein Kaninchen mit einem glühenden Kohlebrocken im Allerwertesten.

Als er sich ein wenig umgehört hatte, stellte Bast fest, dass dies zwar extrem, aber nicht untypisch für den groß gewachsenen Mann war. Er galt allgemein als fähigster Schnapsbrenner und Wilderer der Gegend – Beschäftigungen, denen er gänzlich ungeniert und unter vollständiger Missachtung der königlichen Gesetze nachging.

Doch obwohl er sein Wildbret günstig verkaufte und darüber hinaus auch noch wie kaum jemand sonst in der Gegend Pfeile zu befiedern verstand, bekam Bast schnell mit, dass die Leute an Martin am meisten zu schätzen wussten, dass der stets wild dreinblickende Mann nur selten in die Ortschaft kam und diese Besuche jeweils nur von kurzer Dauer waren.

Daher grinste Bast unwillkürlich, als er den Blick über die Hütte schweifen ließ. Es fiel ihm sehr schwer, sich vorzustellen, welche Art von Sicherheitsvorkehrungen ein waschechter Irrer wie Martin treffen würde, um seine kostbaren Geheimnisse zu schützen.

Doch selbst nach einer halben Stunde sorgfältiger Suche hatte Bast noch nichts entdeckt. Keinen Stolperdraht, der dort, wo der Weg zwischen zwei Felsen hindurchführte, eine Steinplatte hätte herabstürzen lassen. Keine mit Urin getränkten und auf Gesichtshöhe aufgehängten Angelhaken, die hinter Zweigen verborgen waren. Weder Genick- noch Fußfallen und auch keine Armbrüste mit Selbstschussvorrichtung. Bast entdeckte nicht einmal eine Glöckchenschnur oder ein flaches, mit altem Laub bedecktes Loch.

Daher machte sich Bast, verwirrt und enttäuscht, keine

allzu großen Hoffnungen, als er schließlich die Hütte betrat. Nachdem er die Tür jedoch geöffnet hatte, wurde er ein zweites Mal überrascht.

Das Innere war ein so ordentlicher kleiner Raum, wie Bast noch keinen gesehen hatte. Getrocknete Blumen und Kräuter hingen gebündelt von den Dachsparren herab. Ein Teppich aus geflochtenem Gras bedeckte den Boden. Und der Destillierapparat selbst war nicht etwa ein schlampig aus alten Töpfen und Kiefernharz zusammengeschustertes Gebilde, sondern ein regelrechtes Kunstwerk.

Ein geschlossener Kupferkessel von den doppelten Ausmaßen eines Waschzubers dominierte den hinteren Teil der Hütte. Er ruhte auf einem großen, akkurat gemauerten Ofen aus Feldsteinen. Unter der Decke verlief ein hölzerner Trog, und erst als Bast dem nach draußen gefolgt war, erkannte er, dass der Trog dazu diente, Regenwasser in die Hütte zu leiten, das in verschiedene Rohre gelenkt oder zum Befüllen der Kühlfässer verwendet werden konnte.

Es gab dort alle möglichen Bottiche und Eimer, eine große Schraubenpresse und auch eine Reihe kleinerer Pressen, bei denen Steine verwendet wurden. Blanke Kupferrohre verliefen kreuz und quer durch den Raum, und einige davon führten durch eine Ansammlung improvisierter Glasbehälter, die auf einem hohen Regal standen und aussahen, als enthielten sie Blüten, bunte Früchte und andere Dinge, die Bast nur vage erahnen konnte.

Beim Anblick der kupfernen Windungen und Spiralen, die zwischen den Fässern, Flaschen und Bottichen verliefen, verspürte Bast plötzlich den Drang, im *Celum Tinture* zu blättern und zu erfahren, wie die einzelnen Bestandteile der Brennerei hießen und wozu sie dienten. Erst da wurde ihm klar, dass er das Buch schon wieder irgendwo zurückgelassen hatte …

Und so stöberte Bast stattdessen hier herum, bis er eine Kiste fand, die mit einem aberwitzigen Sammelsurium von Behältern vollgestellt war. Zwei Dutzend Flaschen verschiedenster Art, Tonkrüge, alte Einmachgläser … Etwa ein Dutzend davon war mit irgendetwas gefüllt. Und keiner dieser Behälter war beschriftet.

Bast griff sich eine große Glasflasche, die einst wahrscheinlich Wein enthalten hatte. Er zog den Korken heraus, schnupperte am Inhalt und nahm dann vorsichtig einen kleinen Schluck. Auf seinem Gesicht ging vor Entzücken förmlich die Sonne auf. Zwar erinnerte ihn dieser Ort an die Werkstatt seines Herrn, doch Bast hatte halbwegs erwartet, dass der Inhalt der Flasche eher nach Holzkohle und Terpentin schmecken würde.

Aber das hier war … nun ja … Er war sich nicht ganz sicher. Er nahm noch einen Schluck. Es schmeckte ein wenig nach Apfel. Und nach irgendeinem Gewürz? Es roch ganz leicht nach Cinnasfrucht und Veilchen und … Honig?

Bast nahm einen dritten Schluck und grinste. Wie dem auch sei – es schmeckte herrlich. Es war süffig und kräftig und nur ein klein wenig süß. Bast hob die Flasche, um wortlos auf den abwesenden Brennmeister anzustoßen. Martin mochte ja einen mächtigen Sprung in der Schüssel haben, aber von Schnaps verstand er anscheinend was.

Erst über eine Stunde später traf Bast wieder beim Blitzbaum ein. Das *Celum Tinture* war noch da. Es war zwar von dem glatten Stein hinabgerutscht und ins Gras gefallen, aber offenbar unversehrt. Zum ersten Mal, soweit er zurückdenken konnte, war Bast froh, das Buch zu sehen. Er schlug das Kapitel über Destillation auf und las eine halbe Stunde darin herum, wobei er an verschiedenen Stellen vor sich hin nickte und immer wieder zurückblätterte, um sich Schaubilder und Illustrationen anzusehen. Wie sich herausstellte, handelte es sich bei den Spiralen um einen sogenannten Kondensator. Er hatte sich schon gedacht, dass das ein wichtiges Ding war. Und kostspielig auch, denn es war ja eben aus Kupfer.

Schließlich klappte er das Buch zu und seufzte. Da ein paar Wolken aufzogen, konnte er es nicht guten Gewissens unbeaufsichtigt hier zurücklassen. Sein Glück konnte nicht ewig währen, und er schauderte bei dem Gedanken, was passieren würde, wenn eine Windböe das Buch ins Gras werfen und an den Seiten zerren würde. Oder wenn ein plötzlicher Regenschauer käme …

Und daher schnappte sich Bast das Buch, schlenderte zum Wirtshaus zum WEGSTEIN zurück und schlüpfte durch die Hintertür ins Haus. Mit vorsichtigen Schritten betrat er den Schankraum, öffnete einen der unteren Schränke und legte das Buch hinein. Er war schon lautlos halb bis zur Treppe gelangt, als er hinter sich Schritte hörte.

»Ah, Bast«, sagte der Wirt in gelassenem Ton. »Hast du die Karotten mitgebracht?«

Bast erstarrte und fühlte sich ertappt. Er richtete sich auf und klopfte sich verlegen die Kleider ab. »Äh … dazu bin ich noch gar nicht gekommen, Reshi.«

Der Wirt stieß einen tiefen Seufzer aus. »Bast, ich verlange ja nun wirklich nicht …« Er hielt inne, schnupperte und musterte den dunkelhaarigen Mann dann eindringlich. »Bist du etwa betrunken?«

Bast blickte beleidigt. »Reshi!«

Der Wirt verdrehte die Augen. »Na schön: Hast du was getrunken?«

»Ich habe *Nachforschungen* angestellt«, sagte Bast. »Wusstest du, dass der verrückte Martin eine Brennerei betreibt?«

»Ich habe davon gehört«, sagte der Wirt, und sein Ton machte klar, dass er das Thema nicht sonderlich spannend fand. »Und Martin ist übrigens nicht verrückt. Er neigt bloß manchmal zu einem zwanghaften Verhalten. Und wenn mich nicht alles täuscht, hat er aus seiner Soldatenzeit auch noch einen leichten Wappenrockwahnsinn zurückbehalten.«

»*Leicht* ist gut …«, erwiderte Bast. »Ich weiß, wovon ich rede. Er hat mal seinen Hund auf mich gehetzt, und als ich dann auf einen Baum geklettert bin, um mich in Sicherheit zu bringen, hat er doch tatsächlich angefangen, den Baum zu fällen. Aber davon mal abgesehen, ist er auch noch verrückt, Reshi. Wirklich richtig verrückt.«

»Bast«, sagte der Wirt in vorwurfsvollem Ton und bedachte ihn mit einem tadelnden Blick.

»Ich behaupte nicht, dass er *böse* ist, Reshi. Ich sage nicht mal, dass ich ihn nicht mag. Aber glaub mir: Mit Verrücktheit kenne ich mich aus. In seinem Kopf geht's anders zu als bei normalen Leuten.«

Der Wirt nickte etwas genervt. »Wie du meinst.«

Bast machte den Mund auf und blickte dann verwirrt. »Worüber haben wir gerade geredet?«

»Über die immensen Fortschritte, die du bei deinen Nachforschungen gemacht hast«, sagte der Wirt und schaute zum Fenster hinaus. »Und das, obwohl es noch nicht mal drei Uhr ist.«

»Es ist Mittsommer, Reshi«, sagte Bast in beinah klagendem Ton – als ob das alles erklären würde.

Der Wirt sah ihn nur ungerührt an.

Bast verdrehte die Augen. »Weißt du, wie früh es an Mittsommer morgens hell wird, Reshi? Der heutige Tag ist doppelt so lang wie manche Tage im Winter.« Der desinteressierte Blick des Wirts schien Basts Selbstsicherheit ein wenig zu untergraben, aber er fuhr dennoch fort. »Was ich sagen will, Reshi, ist: Wenn jetzt Winter wäre, dann wäre es um diese Uhrzeit praktisch schon Abend.« Er zögerte. »So früh, wie ich aufgestanden bin, meine ich.«

Der Wirt schwieg einen Moment lang. Dann atmete er tief durch und erwiderte in ruhigem Ton: »Mit dieser logischen Glanzleistung hast du eindeutig unter Beweis gestellt, dass du nüchtern bist, Bast. Aber dennoch …«

»Ah, genau!«, sagte Bast aufgeregt. »Ich weiß, dass Martin hier gern anschreiben lässt, und ich weiß auch, dass du schon Schwierigkeiten hattest, seine Zechschulden von ihm einzutreiben, weil er ja nie Geld hat.«

»Er *benutzt* kein Geld«, berichtigte ihn der Wirt sanft.

»Das kommt doch aufs Gleiche raus, Reshi«, seufzte Bast. »Und es ändert nichts an der Tatsache, dass wir nicht noch einen weiteren Sack Gerste brauchen. Die Vorratskammer quillt schon über vor Gerste. Aber da er ja eine Brennerei betreibt …«

Doch der Wirt schüttelte bereits den Kopf. »Nein, Bast«, sagte er. »Ich werde meine Gäste nicht mit irgendwelchem Schluchtenfusel vergiften. Du hast ja keine Ahnung, was in so einem Gesöff alles drin sein kann …«

»Doch, das weiß ich sehr wohl, Reshi«, erwiderte Bast. »Ethylazetate und Methane. Und Zinnlauge. Aber das ist alles nicht dadrin.«

Der Wirt stutzte. »Hast du etwa …?« Er hielt inne und setzte noch einmal an. »Bast, hast du etwa tatsächlich im *Celum Tinture* gelesen?«

»Ja, habe ich, Reshi! Um mich zu bilden!«, sagte Bast und strahlte stolz. »Und weil mir ja auch nicht daran gelegen ist, unsere Gäste zu vergiften. Und weil ich selbst nicht blind davon werden will. Und dann habe ich das, was Martin da herstellt, probiert. Und daher kann ich mit Sicherheit sagen, dass es sich dabei keineswegs um Schluchtenfusel handelt. Es ist ganz im Gegenteil richtig guter Schnaps. Es geht schon fast in Richtung Rhis, und so etwas würde ich niemals leichtfertig sagen.«

Der Wirt fuhr sich nachdenklich mit einem Finger über die Oberlippe. »Wo hast du es denn probiert?«, fragte er.

»Im Zuge eines Tauschgeschäfts«, erwiderte Bast und schlitterte dabei geschickt am Rande der Wahrheit entlang. »Martin hätte damit nicht nur die Möglichkeit, seinen Deckel hier zu begleichen, sondern wir könnten auf diesem Wege auch unsere Vorräte aufstocken. Ich weiß ja, dass das in letzter Zeit schwieriger geworden ist, wo die Straßen nun mal so schlecht sind …«

Der Wirt hob die Hände. »Du hast mich schon überzeugt, Bast.«

Bast grinste froh.

»Ehrlich gesagt«, fuhr der Wirt fort, »hätte ich mich alleine deshalb schon darauf eingelassen, um zu feiern, dass du tatsächlich mal deine Lektion gelesen hast. Aber es wird auch für Martin eine schöne Sache sein. Dann hat er einen

Grund, öfter mal vorbeizukommen. Das wird ihm guttun.«

Basts Lächeln verblasste ein wenig.

Falls der Wirt es bemerkte, sagte er jedenfalls nichts dazu. »Dann werde ich mal einen Jungen zu Martin schicken und ihn bitten, mit ein paar Flaschen vorbeizukommen.«

»Am besten gleich ein Dutzend, falls er so viel hat«, erwiderte Bast. »Oder sogar noch mehr. Bald wird es nachts wieder kalt. Dann kommt der Winter, und mit seinem Stoff können wir uns ein wenig Frühling herbeitrinken, während wir vor dem Kaminfeuer sitzen.«

Der Wirt lächelte. »Deine überschwänglichen Empfehlungen werden Martin sicherlich schmeicheln.«

Bast erbleichte, und sein Gesicht war nun ein Bild des blanken Entsetzens. »Beim Ginster, *nein*, Reshi!«, sagte er und fuchtelte hektisch mit den Händen. »Sag ihm auf keinen Fall, dass ich was dazu gesagt habe. Sag ihm nicht mal, dass ich vorhabe, das Zeug zu trinken. Er hasst mich.«

Der Wirt verbarg sein Lächeln hinter seiner vorgehaltenen Hand.

»Das ist nicht lustig, Reshi«, sagte Bast wütend. »Er wirft mit Steinen nach mir!«

»Das hat er schon seit Monaten nicht mehr getan«, sagte der Wirt. »Martin war doch die letzten Male, als er hier war, absolut freundlich zu dir.«

»Weil hier im Wirtshaus keine Steine herumliegen«, entgegnete Bast.

»Komm, sei fair, Bast«, fuhr der Wirt tadelnd fort. »Seit fast einem halben Jahr ist er jetzt ganz anständig zu dir. Ja, sogar höflich. Weißt du nicht mehr, wie er sich vor zwei Monaten bei dir entschuldigt hat? Und hast du je gehört, dass Martin sich bei sonst jemandem hier im Ort entschuldigt hätte? Jemals?«

»Nein«, erwiderte Bast mürrisch.

Der Wirt nickte. »Siehst du? Für ihn ist das eine große Geste.«

»Mag sein, dass er in seinem Leben ein neues Kapitel aufschlägt«, murmelte Bast. »Aber wenn er hier ist, wenn ich nach Hause komme, esse ich heute Abend auf dem Dach.«

Bast war unruhig, als er sich wieder ins Gras am Blitzbaum legte. Er bewegte sich hin und her, stand dann auf und trank etwas aus dem Bach am Fuße des Hügels. Wieder oben angelangt, umrundete er den weißen zerschmetterten Baum. Hin und zurück, aufspulen und abspulen.

Dann setzte er sich wieder, doch ihm war unbehaglich wie einer Katze, die gegen den Strich gestreichelt wird. Er tastete in sich herum und fand etwas, von dem er wusste, dass es der Wahrheit entsprach. Die einzigen Verpflichtungen, die ihn banden, waren altvertraute Sachen. Die meisten davon waren kaum mehr als Narben. Einige wenige ähnelten den Verletzungen alter Soldaten. Eine Schulter, die bei Kälte steif wurde. Ein Knie, das schmerzte, wenn Regen in der Luft lag.

Aber nichts Neues. Es war sehr ärgerlich, denn er hatte sich gefreut, wie gut er den unerwarteten Gefahren des Tages entronnen war. Warum also fühlte er sich mehr denn je von innen nach außen gekrempelt? Zusammengeknüllt und wieder auseinandergezerrt?

Schließlich holte er den Lederbeutel hervor. Er beruhigte

sich ein wenig, schloss die Augen, zog eine ganze Handvoll Embrils und warf sie mit einer anmutigen und zugleich unbekümmerten Geste empor.

Er hörte sie wie Hagelkörner auf dem Boden aufprallen und schlug die Augen auf, um sie zu betrachten: eine Mondsichel aus weißem Horn und ein Oval aus dunklem Holz, das teilweise auf dem tanzenden Flötenspieler auf seinem weißen Kachelstück lag. Dann war da ein Kerzenleuchter, der in einen länglichen Stein graviert war, ein Tonscheibchen und der flache grüne Stein, den er von der Bäckerstochter bekommen hatte. Da war das ärgerliche sonnenhelle Messingstückchen und dann wieder der Embril, der ganz nach einer alten Eisenmünze aussah.

Bald schon hörte er Kostrel mit seinen zu großen Stiefeln den Hügel heraufkommen. Der Junge stellte sich vor ihn, verschränkte die Arme vor der Brust und versuchte, böse dreinzuschauen, was ihm allerdings nicht gelang, denn dazu hatte er einfach ein zu freundliches Gesicht. Während er sich eindeutig um einen finsteren Blick bemühte, konnte sein sommersprossiges Antlitz gerade mal ein Stirnrunzeln beibehalten.

Bast machte sich nicht die Mühe, zu dem Jungen hochzusehen, sondern hielt ihm nur ein kleines Buch hin, das in tiefgrünes Leder gebunden war. Als der Junge es mit beiden Händen ergriff, spürte Bast, wie sich in ihm eine minimale Schuld in Wohlgefallen auflöste.

Kostrel schlug das Buch auf und blätterte ein wenig darin herum. »Geht's da um Kräuter oder so was?«

Bast zuckte nur mit den Achseln und starrte weiter nachdenklich auf die am Boden verstreuten Embrils hinab.

Kostrel gab seine Bemühungen auf, gereizt zu wirken,

und seine Miene kehrte zu seiner natürlichen Neugierde zurück. »Und …?«, fragte er in beiläufigem Ton. »Hast du Emberlee gesehen?«

Das lenkte Bast von den Steinen ab, und er sah zu dem Jungen hoch.

»Ja, habe ich«, sagte Bast langsam, den Blick immer noch auf Kostrels Gesicht gerichtet. Nun sah er es wieder: Irgendwas stimmte da nicht. Es war keine Angst und nicht einmal Nervosität. Die wären so unübersehbar gewesen wie eine Klette an seiner Hemdmanschette. Das hier ähnelte eher einem Sandkorn an seinem Kragen.

Kostrel bemerkte seinen eindringlichen Blick und wandte die Augen ab.

Da ging Bast mit einem Mal ein Licht auf, und vor Verblüffung und Bewunderung klappte ihm die Kinnlade herunter. »Du hast die Badestelle gar nicht entdeckt«, sagte er. »Sie hat dir davon erzählt!«

»Was? Wer?« Kostrels Gesichtsausdruck wirkte bestürzt und unschuldig, doch obwohl er da eine gute Vorstellung ablieferte, kam er bei Bast damit nicht durch. Der hatte dieses Spiel schon gespielt, als der Junge noch gar nicht auf der Welt gewesen war.

Anerkennend sei jedoch erwähnt, dass Kostrel, als er merkte, dass er durchschaut war, sofort mit dem Theater aufhörte. »Du hast es mir tatsächlich abgekauft«, sagte er, und seine Augen funkelten vor Freude. Sein Gesichtsausdruck wirkte in diesem Moment weitaus unschuldiger als jeder, den er hätte vortäuschen können.

Bast schüttelte den Kopf und blinzelte aufrichtig überrascht. »Und du scheinst mir ein sehr begabter Verkäufer zu sein«, sagte er. »Ich hoffe, du hast einen schönen Gewinn dabei gemacht. Was hat Emberlee dir denn für ihre Badestelle abgeknöpft?«

Kostrel sah Bast nur verwirrt an. »Warum sollte ich dafür bezahlen?«, fragte er. »Sie wollte, dass ich dir das weitersage. Und dafür war *sie* mir dann einen Gefallen schuldig.«

Da war Bast zum zweiten Mal binnen kürzester Zeit baff.

Kostrel lachte ihn aus. »Ach, komm schon«, sagte er und verdrehte ein wenig die Augen. »Ihr glaubt immer, ihr wärt so gerissen und geheimnisvoll, aber das seid ihr gar nicht.«

Bast schaute unverhohlen beleidigt drein. »Damit du es weißt«, sagte er mit gekränkter Würde. »Ich bin tatsächlich ziemlich gerissen. Und geheimnisvoll auch.«

Kostrel seufzte ein wenig und zuckte dann mit den Achseln, als würde er in diesem Punkt nachgeben. »Du bist nicht übel«, sagte er. »Und Emberlee ist auch nicht von schlechten Eltern. Aber Kholi kennt wirklich keinerlei Schamgefühl. Und Dax …« Kostrel hielt einen Moment inne, als würde er seine Worte genau wägen. »Dax hat viele gute Eigenschaften, die ihn ideal dafür geeignet machen, den ganzen Tag herumzuhocken und auf Schafe aufzupassen.«

»Er hat auch noch andere gute Eigenschaften«, erwiderte Bast mit breitem Lächeln.

Kostrel verdrehte erneut die Augen. »Ja, ich weiß. Weil Kholi es nämlich allen erzählt. Aber wenn ihn dann jemand damit neckt, wird er rot wie ein geprügelter Arsch.« Der Junge schüttelte den Kopf. »Meine Güte, ihr verschwindet doch alle ständig miteinander in Heuschobern oder im Gebüsch – wie die Karnickel. Jeder weiß das. Jedenfalls jeder, der noch nicht ganz blind oder komplett verblödet ist.«

Bast stutzte und neigte dann neugierig den Kopf. »Und um was für einen Gefallen hast du Emberlee gebeten?«

»Ein Gentleman genießt und schweigt«, sagte Kostrel mit aufgesetzter Würde und grinste irgendwie so unschuldig und durchtrieben zugleich, wie Bast es noch nie gesehen hatte.

Da er wohlweislich vermied, sich mit Kostrel anzulegen, solange er auch nur leicht gereizt war, ging Bast an den Bach hinab, um etwas zu trinken und sich ein wenig Wasser ins Gesicht zu klatschen.

Während er dann etwas Ruhe fand, stellte er zu seinem Erstaunen fest, dass es ihm gar nichts ausmachte, eine Runde gegen Kostrel zu verlieren. Ja, es bereitete ihm sogar ein eigenartiges Vergnügen. Es war Jahre her, dass er so richtig reingelegt worden war, und wenn man stets gewinnt, wird jedes Spiel irgendwann langweilig. Würde er also ein wenig schneller tanzen müssen, wenn er Kostrel auf Trab halten wollte. Und Emberlee anscheinend auch.

Als Bast auf die Hügelkuppe zurückkam, betrachtete Kostrel mit eindringlichem Blick die verstreuten Embrils. »Mein Opa hat ein Telgin-Set«, sagte er. »Und früher hat er immer Steine geworfen, um die beste Zeit für die Aussaat zu erfahren. Er hat meine Oma ganz kirre damit gemacht.« Er beugte sich vor, um genauer hinzusehen. »Was wolltest du denn von den Steinen erfahren?«

»Nichts«, erwiderte Bast und setzte sich wieder. Doch bei dieser Beinahelüge direkt neben dem Baum überkam ihn ein sehr ungutes Gefühl. »Es gibt nur eine Frage, die es wirklich wert ist, gestellt zu werden«, berichtigte er sich. »Und die lautet: Was nun?«

Der Junge nickte, den Blick immer noch zu Boden gerichtet. »Und? Hast du eine Antwort bekommen?«

Bast wandte den Kopf und sah, dass Kostrel die Embrils so eindringlich beäugte, dass es fast komisch wirkte. Da huschte ein Lächeln über Basts Gesicht. »Wie würdest du es deuten?«

Kostrel sank auf die für Kinder typische knochenlose Weise zu Boden. »Ich kenne ja nicht die richtigen Namen für all diese Steine«, räumte er ein. »Mein Opa hat mir nur ein paar von denen gezeigt, und das auch nur, wenn er schon ein bisschen was intus hatte und meine Oma ärgern wollte.«

»Die Namen sind dabei schon eine wichtige Sache«, sagte Bast und zuckte mit einer Achsel. »Aber wenn man weiß, wie etwas heißt, hält einen das manchmal auch davon ab, darüber nachzudenken, worum es sich dabei wirklich handelt.« Er deutete auf die Embrils. »Diese Dinge sind nicht klipp und klar definiert. Es liegt in ihrem Wesen, zu changieren und sich zu verändern. Sie gemahnen uns daran, dass die Welt sehr groß und vielschichtig ist. Sie lehren uns, dass zwischen Einfangen und Behalten oft Abgründe klaffen.«

Kostrel lächelte. »Du hörst dich an wie mein Opa. Er sagt immer, die zu deuten hält das Hirn geschmeidig, so wie man altes Leder immer mal wieder einölen muss.« Er beugte sich vor. »Zeig mir doch erst mal, wie du das deuten würdest.«

Bast seufzte und klang dabei entnervt und ermattet zugleich. »Hier haben wir den Mond«, sagte er und berührte die Mondsichel aus weißem Horn. Dann fuhr er mit seinem Finger weiter zu dem grünen Stein mit dem Frauenantlitz.

»Und hier haben wir eine schlafende Frau. Und hier ist die Lampe nicht angezündet. Ist es also Nacht? Schläft da eine Frau des Nachts?« Er schüttelte den Kopf. »Das wirkt ein wenig weit hergeholt.«

»Hier ist der Flötenspieler«, sagte Bast und deutete auf die gemalte Figur auf der weißen Kachel, die eine Trommel an die Hüfte geschnallt hatte. »Er wird von dem geschlossenen Auge überlagert. Schläft also auch er?« Er schnippte mit den Fingern gegen die tränenförmige Bußmünze. »Der brennende Turm ist eine Ruine … aber andererseits hat sie die Form eines Tropfens, also … deutet das auf Wasser hin? Vielleicht auf Regen? Und dann sind da noch die Kerze und der Steinbogen«, sagte Bast. »Wenn die nebeneinanderliegen würden, könnte das auf eine Reise hindeuten. Und wenn die Frau schläft, vielleicht eher auf einen Traum …«

Kostrel deutete auf das schartige Metallstück, das ganz nach einer Eisenmünze aussah. »Was ist mit dem da? Dem mit der Krone?«

Bast zuckte die Achseln, aber nicht mehr so lässig wie zuvor. Vielleicht spannte sich sogar sein Mund ein wenig an. Er war kurz davor, die Frage mit einer Geste abzutun, doch als er den Blick des Jungen sah, fiel ihm wieder ein, dass Schweigen bei Kostrel die schlechteste Option war. Wenn Bast ihm nicht irgendetwas dazu sagte, würde sich der Junge darauf fixieren wie auf ein Stück Knorpel, das ihm zwischen den Zähnen festhing.

»Die Eisenkrone steht für Macht oder Herrschaft«, sagte Bast und gab sich alle Mühe, gelangweilt zu klingen. »Aber so beschädigt würde ich es eher als Beherrschtheit deuten.« Er hielt inne und beschloss dann, dass er genauso gut offen darüber sprechen konnte. »Für sich genommen steht es für den Zerschmetterten König. Majestät und Macht, aber in Trümmern. Verzweifelt.«

»Verzweifelt?«, fragte Kostrel verwirrt.

Bast stutzte und schüttelte irritiert den Kopf. »Nein«, sagte er. »Ich meinte: verfallen.« Dann preschte er voran und deutete auf das Gesamtbild, das die Embrils boten. »Es ist ein einziges Durcheinander. Einige Teile fügen sich zusammen, aber …« Er warf die Hände empor und ließ sie entnervt wieder zu Boden sinken. »Es ergibt sich keine richtige Aussage daraus.«

»Also, so würde ich das überhaupt nicht deuten …«, sagte Kostrel zögernd.

Bast machte eine einladende Geste. »Nur zu.«

Kostrel berührte sacht mit einem Finger den grünen Stein. »Das ist ein Moosachat. Moos ist weich und zart, aber ein Achat ist ein sehr, sehr harter Stein.« Er schob die zerbrochene Krone darüber. »Sie ist eine Königin.«

Dann beugte er sich vor, damit er auch mit seinen kürzeren Armen alle Embrils erreichen konnte. »Und ich glaube auch nicht, dass sie schläft.« Nun schob er die Messingmünze näher heran. »Das ist kein Regen. Es ist eine Träne. Sie ist weich und hart zugleich. Mächtig und traurig. Ihr Turm ist zerbrochen.« Er machte eine ausladende Geste. »Sie ist die Weinende Königin.«

Nun zeigte er auf das Stück Horn, das die Form einer Mondsichel hatte. »Bei dem weiß ich nicht so recht. Ist das vielleicht gar nicht der Mond? Ist es vielleicht eher eine Schale? Oder ein Paar Hörner? Und da es so dünn ist, deutet es vielleicht darauf hin, dass etwas zu Ende geht? So wie wenn der Mond schon fast nicht mehr zu sehen ist?«

Kostrels Ton war nun selbstsicherer geworden, und er

fuhr fort: »Der Flötenspieler schläft auch nicht.« Er berührte das Tonscheibchen. »Die Lampe gehört ihm. Eine Lampe benutzt man, um den Weg zu finden oder abends zu lesen. Die Lampe brennt nicht? Das heißt, der Flötenspieler befindet sich im Dunkeln. Er hat sich also entweder verirrt oder ist unwissend.«

Der Junge zeigte erneut auf den Flötenspieler. »Das geschlossene Auge? Er ist blind. Er soll ja den Leuten aufspielen, soll sie dazu bringen, nach seiner Melodie zu tanzen. Aber *er* ist derjenige, der tanzt.« Kostrel war so ergriffen davon, dass er darüber lachte. »Er tanzt, aber er ist so blind, dass er es gar nicht mitbekommt!«

Er zeigte auf einen weiteren Embril. »Die Kerze ist auch nicht angezündet. Ist er also ... dreifach blind? Oder ... gibt es da ungenutzte Möglichkeiten? Ein Feuer, das noch wartet?« Kostrel verstummte und tippte sich mit dem Finger an die Lippen.

Bast betrachtete die Embrils nun aufmerksamer. »Was ist mit dem Bogen?«, fragte er in einem seltsamen Tonfall.

Kostrel schien es nicht zu bemerken. »Ich weiß nicht so recht. Er liegt da umgekehrt, also ... vielleicht soll das ein Loch sein, in das der Flötenspieler reinfallen könnte?« Der Junge überlegte noch einen Moment, zuckte dann die Achseln und rieb sich die Nase. »Mein Opa hat immer gesagt, man soll sich nicht zu sehr abmühen, damit alle Teile zusammenpassen. Wenn er mal eine größere Deutung gemacht hat, hat er immer gesagt, dass es jedes Mal eine Ziehung gibt, die man gar nicht beachten soll. Und dass im Grunde die Hälfte der Arbeit darin besteht, herauszufinden, welche das ist.«

Da grinste Bast mit einem Mal und zauste Kostrel das

Haar. Dann steckte er, ohne noch ein weiteres Wort zu sagen, seine Embrils ein, eilte mit großen Tänzerschritten den Hang hinab und war schnell wie der Wind verschwunden.

Bast war schon eine Viertelmeile weit zügig getrabt, als er mit einem Mal Rike aus dem Wald heraus seinen Namen rufen hörte. Erstaunt blieb Bast stehen und sah zu, wie der Junge auf einem schmalen Trampelpfad angelaufen kam.

»Ich hab einen!«, sagte Rike triumphierend und hob ganz außer Atem die Hand. Von der Taille abwärts war er triefnass.

»Was, so schnell?«, fragte Bast.

Der Junge nickte und zeigte den dunklen Stein her, den er zwischen zwei Fingern hielt. Er war flach, glatt, rund und ein wenig kleiner als der Deckel eines Marmeladenglases. »Und jetzt?«

Bast kraulte sich kurz das Kinn, als versuchte er, sich zu erinnern. »Tja … jetzt brauchen wir eine Nadel. Aber es muss eine Nadel sein, die bei einem Haus ausgeborgt wurde, in dem keine Männer wohnen.«

Rike blickte einen Moment lang nachdenklich und strahlte dann mit einem Mal. »Meine Tante Sellie gibt mir bestimmt eine!«

Bast verkniff sich einen Fluch. Er hatte ganz vergessen, dass Sellies älteres Kind bekannt gegeben hatte, es wolle nicht mehr Mikka genannt werden, sondern heiße jetzt Grette und habe Harthan-Tee getrunken. »Oh, zwei Frauen im Haus sind sicherlich *ausreichend* …«, sagte Bast und sprach das Wort mit einer gewissen Geringschätzung aus,

»… falls das alles ist, was du willst. Aber der Zauber wird stärker sein, wenn die Nadel aus einem Haus kommt, in dem *viele* Frauen wohnen. Je mehr, desto besser …«

Rike kramte einen Moment lang sichtlich in seinem Gedächtnis. »Die Witwe Creel hat zwei Töchter …«, überlegte er.

»Dob wohnt neuerdings auch bei ihr«, bemerkte Bast. »Es muss ein Haus sein, in dem weder Männer noch Jungen wohnen.«

»Aber wo viele Mädchen wohnen …« Rike stand klitschnass da und ließ sich langsam die Möglichkeiten durch den Kopf gehen. Schließlich wurde er wieder munter. »Die alte Nan!«, sagte er. »Die kann mich zwar überhaupt nicht ausstehen, aber ich denke mal, eine Haarnadel würde sie mir schon geben.«

»Wir brauchen eine Nähnadel«, betonte Bast. »Und du musst sie dir ausborgen.« Bast sah, wie der Junge die Augen zusammenkniff, und fügte schnell hinzu: »Sie muss sie dir freiwillig leihen. Wenn du ihr die Nadel klaust oder versuchst, sie ihr abzukaufen, wird der Zauber damit nicht funktionieren.« Dann sah er den Jungen mit erhobener Augenbraue an. »Und es versteht sich ja wohl hoffentlich von selbst, dass du ihr auf keinen Fall sagen darfst, wozu du die Nadel wirklich brauchst.«

»Ich kann ihr ja nichts sagen, was ich gar nicht weiß«, brummte Rike, aber nur ganz leise.

Bast rechnete schon halbwegs damit, dass ihm der Junge nun Fragen zu den Einzelheiten des Zaubers stellen würde, über den Bast nur andeutungsweise gesprochen hatte. Oder dass er murren würde, dass die alte Nan ganz am anderen Ende der Ortschaft wohnte, ungefähr so weit südwestlich, wie man nur gehen konnte, ohne Newarre hinter sich zu lassen. Der Junge würde eine halbe Stunde bis dorthin brauchen, und es war ja gar nicht gesagt, dass die alte Nan überhaupt zu Hause war.

Doch Rike seufzte nicht mal. Er nickte nur mit ernster Miene, machte kehrt und lief so schnell zum südlichen Ende der Straße des Königs los, dass seine nackten Füße nur so flogen.

Vor sich hin nickend, trabte Bast nun weiter in die Richtung, die er zuvor bereits eingeschlagen hatte – zum nördlichen Rand der Ortschaft …

Mondaufgang

Süße

Da er sicher war, dass Rike mindestens eine Stunde lang beschäftigt sein würde, ließ Bast sich Zeit. Er sprang über einen Zaun, um die Felder der Forsens zu queren. Er stieg auf einen Baum und fand einen Zapfen, der ihm gefiel. Er ignorierte eine Katze. Er jagte einem Eichhörnchen nach. Er fand einen alten Brunnen, der mit verrottenden Brettern abgedeckt war.

Die Williams-Farm war seit langer Zeit keine Farm im eigentlichen Sinne mehr. Die Felder lagen schon so lange brach, dass sie kaum noch als solche zu erkennen waren. Ringsum wuchsen Dornengestrüppe und hier und da auch junge Bäume. Die große Scheune war verfallen, und in ihrem Dach klaffte vor dem klaren blauen Himmel ein großes dunkles Loch.

Bast nahm den langen Weg über die Felder, und als er um eine Ecke bog, erblickte er Rikes Elternhaus. Das machte einen ganz anderen Eindruck als die Scheune. Es war klein, aber gut in Schuss. Einige Dachschindeln hätten mal ausgewechselt werden können, ansonsten aber wirkte es gepflegt. Aus dem Küchenfenster wehten gelbe Vorhänge, und der Blumenkasten davor quoll über vor Fuchsfiedeln und Ringelblumen.

Auf einer Seite des Hauses befand sich ein Pferch mit drei Ziegen und auf der anderen ein großer Garten. Der Zaun davor bestand im Grunde nur aus ein paar zusammengebundenen Stöcken, doch dahinter erblickte Bast üppiges Grünzeug, das in geraden Reihen wuchs. Karotten. Er brauchte ja immer noch Karotten.

Als er den Hals ein wenig reckte, sah Bast hinter dem Haus mehrere seltsame große Kästen. Er ging noch ein paar Schritte näher heran, und dann wurde ihm klar, dass es sich um Bienenstöcke handelte.

In diesem Moment erscholl lautes Gebell, und zwei große schwarze schlappohrige Hunde kamen aus dem Haus herbeigelaufen und kläfften aus Leibeskräften. Als sie näher kamen, ließ Bast sich auf ein Knie nieder, rang spielerisch mit ihnen und kraulte sie hinter den Ohren und am Hals.

Nachdem er das ein paar Minuten lang gemacht hatte, ging Bast weiter zum Haus, und die Hunde liefen dabei vor ihm hin und her, bis sie irgendein Tier entdeckten und sich ins nächste Gestrüpp stürzten. Bast klopfte höflich an der Haustür an, obwohl seine Anwesenheit nach dem ganzen Gekläffe kaum unbemerkt geblieben sein konnte.

Die Tür öffnete sich einen Spalt weit, und für einen Moment konnte Bast nur einen Streifen Dunkelheit erkennen. Dann ging die Tür weiter auf, und Rikes Mutter kam zum Vorschein. Sie war groß, und einige Strähnen ihres lockigen braunen Haars hatten sich aus dem Zopf gelöst, der ihr über den Rücken hing.

Nun öffnete sie die Tür ganz, und Bast sah das kleine halbnackte Baby, das sie auf dem Arm hielt. Es hatte sein rundes Gesicht an ihre Brust gepresst, saugte eifrig daran und machte dabei leise Schmatzgeräusche.

Bast lächelte das Baby fröhlich an. Die Frau folgte seinem Blick und betrachtete ihr Kind ebenfalls einen Moment lang liebevoll. Sie hob den Blick wieder und schenkte Bast ein warmes Lächeln. »Hallo, Bast, was kann ich für dich tun?«

»Oh. Nun ja …«, sagte er verlegen. »Ich habe mich gefragt, Ma'am … also … Mrs. Williams …«

»Nenn mich Nettie, Bast«, sagte sie nachsichtig. Mit Ausnahme des verrückten Martin fanden die meisten Newarrer Bast eigentlich ganz nett. Die meisten hielten ihn allerdings auch für ein wenig einfältig – was Bast nicht im Mindesten störte.

»Nettie«, sagte er und schaute sie mit seinem einnehmendsten Lächeln an.

Kurz herrschte Schweigen, und sie lehnte sich an den Türrahmen. Ein kleines Mädchen spähte hinter Netties verblichenem blauem Rock hervor – nicht viel mehr als ein Paar ernst blickende dunkle Augen.

Bast lächelte dem Mädchen zu, das augenblicklich wieder hinter seiner Mutter verschwand.

Nettie sah Bast erwartungsvoll an. Schließlich hakte sie nach: »Du hast dich gefragt …?«

»Ach ja«, sagte Bast. »Ich hab mich gefragt, ob dein Mann wohl zufällig in der Nähe ist.«

»Nein, leider nicht«, sagte sie. »Jessom ist unterwegs, sich um seine Fallen kümmern.«

»Ah«, sagte Bast mit enttäuschter Miene. »Kommt er denn bald wieder? Ich warte gern …«

Sie schüttelte den Kopf. »Nein, tut mir leid. Nachdem er alles abgegangen ist, wird er wahrscheinlich den ganzen Abend lang seine Beute abziehen und in seiner Hütte zum Trocknen aufhängen.« Sie deutete mit einer vagen Kopfbewegung zum Hügelland nördlich der Ortschaft.

»Ah«, sagte Bast erneut.

Behaglich an den Arm seiner Mutter geschmiegt, holte das Baby tief Luft, stieß einen wohligen Seufzer aus und wurde still und entspannt. Nettie sah hinab, dann wieder zu Bast empor und hielt sich einen Finger an die Lippen.

Bast nickte und trat von der Tür fort, und Nettie ging hinein, wobei sie das schlafende Baby mit ihrer freien Hand geschickt von ihrer Brust löste und behutsam in eine kleine hölzerne Wiege legte, die auf dem Boden stand. Das dunkeläugige Mädchen kam hinter ihrer Mutter hervor und betrachtete mit auf dem Rücken verschränkten Händen das Baby.

»Ruf mich, wenn sie unruhig wird«, sagte Nettie leise. Das kleine Mädchen nickte ernst, setzte sich auf einen Stuhl und begann sanft, mit dem Fuß die Wiege zu schaukeln.

Nettie trat nach draußen und schloss die Tür hinter sich. Während sie die paar Schritte in Basts Richtung ging, richtete sie gänzlich unbefangen ihr Mieder. Im Sonnenschein bemerkte Bast ihre hohen Wangenknochen und ihren sinnlichen Mund. Dennoch sah sie vor allem müde aus, und ihre dunklen Augen waren sorgenschwer.

Sie verschränkte die Arme vor der Brust. »Was gibt's denn für ein Problem?«, fragte sie erschöpft.

Bast sah sie verwirrt an. »Es gibt kein Problem«, antwortete er. »Ich hab mich bloß gefragt, ob dein Mann vielleicht Arbeit für mich hat.«

Nun ließ Nettie die Arme wieder sinken und blickte ihn erstaunt an. »Oh.«

»Im Wirtshaus gibt's für mich nicht viel zu tun«, sagte Bast leicht verlegen. »Und ich dachte, vielleicht könnte ich deinem Mann ein wenig zur Hand gehen.«

Nettie schaute sich um, und dabei streifte ihr Blick auch die alte Scheune. Ihre Mundwinkel senkten sich. »Seit einiger Zeit kümmert er sich hauptsächlich um seine Fallen und geht auf die Jagd«, sagte sie. »Er hat gut zu tun, aber nicht so viel, dass er Hilfe brauchen würde, denke ich mal.«

Sie sah Bast wieder an. »Er hat zumindest nie erwähnt, dass er welche will.«

»Und wie sieht's mit dir aus?«, fragte Bast mit seinem charmantesten Lächeln. »Gibt es hier irgendwas, wobei ich dir zur Hand gehen könnte?«

Nettie lächelte Bast an. Es war nur ein kleines Lächeln, aber es tilgte zehn Jahre und eine halbe Welt voller Sorgen aus ihrem Antlitz und ließ sie geradezu erstrahlen. »Hier gibt's nicht viel zu tun«, sagte sie mit entschuldigender Miene. »Nur die drei Ziegen, und um die kümmert sich mein Sohn.«

»Brennholz?«, fragte Bast. »Mir macht es nichts aus, wenn ich bei der Arbeit ins Schwitzen komme. Und es muss doch schwer für dich sein, allein zurechtzukommen, wenn dein Mann tagelang weg ist …«, grinste er sie hoffnungsvoll an.

»Wir haben auch einfach kein Geld, um für Hilfe zu bezahlen. Tut mir leid«, sagte Nettie.

»Ich soll Karotten besorgen«, erwiderte Bast frohgemut.

Nettie sah ihn einen Moment lang an und brach dann in Gelächter aus. »Karotten«, sagte sie und rieb sich das Gesicht. »Wie viele Karotten brauchst du denn?«

»Vielleicht … sechs?«, erwiderte Bast, so als sei er sich da ganz und gar nicht sicher. »Klingt das gut? Sechs Karotten?«

Sie lachte wieder und schüttelte ein wenig den Kopf. »Also gut. Du kannst ein bisschen Holz hacken.« Sie deutete auf den Hackklotz hinterm Haus. »Ich komm dich holen, wenn du für sechs Karotten genug gehackt hast.«

Bast machte sich eifrig an die Arbeit, und bald schon war der Hof erfüllt von dem harsch und gesund klingenden Geräusch des Holzspaltens. Die Sonne stand immer noch hoch am Himmel, und nach wenigen Minuten war Bast schweißgebadet. Sorglos schälte er sich aus seinem Hemd und hängte es an den Gartenzaun.

Abgesehen davon, dass sich die meisten Einwohner der Ortschaft gewundert hätten, ihn mal bei irgendeiner Arbeit zu sehen, hatte die Art und Weise, wie Bast zu Werke ging, nichts Ungewöhnliches an sich. Er hackte Holz genau wie alle anderen auch: das Scheit aufrecht hinstellen, die Axt schwingen, das Holz spalten. Da gab es keinen Spielraum für irgendwelche improvisierten Einlagen.

Dennoch hatte die Art und Weise, wie er zu Werke ging, etwas Auffälliges. Wenn er das Scheit aufrecht hinstellte, bewegte er sich dabei sehr konzentriert. Anschließend verharrte er für einen kurzen Moment absolut reglos. Dann kam der Schlag. Es war eine fließende Bewegung. Die Stellung seiner Füße, das Spiel seiner langen Armmuskeln …

Es hatte nichts Übertriebenes an sich. Keine schwungvollen Gebärden. Und doch lag eine gewisse Anmut darin, wie er die Axt hob und in einem makellosen Bogen niedersausen ließ. Das scharfe Ächzen, das das Holz von sich gab, wenn es gespalten wurde, und die Plötzlichkeit, mit der die

Hälften zu Boden purzelten. Er ließ das alles irgendwie … forsch und verwegen aussehen.

Er arbeitete eine gute halbe Stunde, dann kam Nettie aus dem Haus und brachte ihm ein Glas Wasser und eine Handvoll kräftige Karotten, an denen noch das Grün dran war. »Das war jetzt aber wirklich genug Schufterei für ein halbes Dutzend Karotten«, sagte sie und lächelte ihn an.

Bast nahm das Glas Wasser, trank die Hälfte, beugte sich vor und goss sich den Rest über Kopf und Nacken. Er schüttelte sich ein wenig und richtete sich wieder auf, und sein dunkles Haar lockte sich und klebte ihm feucht im Gesicht. »Bist du sicher, dass es nicht noch was anderes gibt, wobei ich dir zur Hand gehen könnte?«, fragte er und grinste sie unbefangen an. Sein Blick war dunkel und lächelnd und seine Augen blauer als das Himmelszelt.

Nettie schüttelte den Kopf. Dann sah sie zu Boden, und einige dunkle Strähnen fielen ihr ins Gesicht. »Nicht dass ich wüsste«, sagte sie.

»Ich kann auch gut mit Honig umgehen«, sagte Bast, hob die Axt und ließ den Stiel auf seiner nackten Schulter ruhen.

Nettie schaute ein wenig verwirrt, bis Bast mit einem Nicken auf die hölzernen Bienenstöcke deutete, die auf dem überwucherten Acker standen. »Oh«, murmelte sie, als fiele ihr in diesem Moment ein schon halb vergessener Traum wieder ein. »Früher habe ich Kerzen und Honig gemacht. Aber in dem harten Winter vor drei Jahren haben wir ein paar Völker verloren. Ein Volk ist durch Läuse eingegangen. Dann hatten wir dieses nasse Frühjahr, und ehe wir uns versahen, hat die Kalkbrut noch drei Völker weggerafft.« Sie zuckte die Achseln. »Im Frühsommer haben wir ein Volk an die Hestles verkauft, um Geld für die Steuern zu haben …«

Sie schüttelte wieder den Kopf, als hätte sie einem Tagtraum nachgehangen. Dann zuckte sie erneut die Achseln und wandte sich wieder zu Bast um. »Kennst du dich mit Bienen aus?«

»Ja, ganz gut«, antwortete er leise. »Sie sind nicht schwer zu handhaben. Man muss einfach nur ganz geduldig und sanft mit ihnen umgehen.« Beiläufig schwang er die Axt so, dass die Klinge im Hackklotz stecken blieb. »Sie sind im Grunde wie alle anderen Wesen auch. Sie wollen nur wissen, dass sie in Sicherheit sind.«

Nettie schaute aufs Feld hinaus und nickte unwillkürlich, als Bast das sagte. »Es sind nur noch die beiden Völker übrig«, sagte sie. »Das reicht gerade so für ein paar Kerzen. Und ein bisschen Honig. Es ist nicht viel. Eigentlich kaum der Mühe wert.«

»Ach, komm«, sagte Bast sanft. »Ein bisschen Süße ist doch für uns alle manchmal das Einzige, was wichtig ist. Das ist es immer wert. Auch wenn es ein bisschen Arbeit macht.«

Nettie wandte sich zu ihm um und schaute ihn an. Sie sah ihm nun in die Augen. Sie sagte nichts, wandte den Blick aber auch nicht ab. Ihr Blick glich einer offenen Tür.

Bast lächelte, sanft und geduldig, und seine Stimme war warm und süß. Er streckte seine Hand aus. »Komm mal mit«, sagte er. »Ich muss dir was zeigen.«

Abend

Rätsel

Die Mittsommersonne senkte sich zwar langsam schon gen Horizont, stand aber immer noch recht hoch am Himmel, als Bast auf die Lichtung zurückkam. Er humpelte ein wenig und hatte Schmutz im Haar, schien aber guter Dinge zu sein.

Am Fuße des Hügels saßen zwei Kinder auf dem Graustein und ließen die Füße baumeln, als wäre der Stein eine riesige Bank. Bast blieb nicht einmal genug Zeit, sich zu setzen, da kamen sie schon gemeinsam den Hügel herauf.

Es war Wilk, ein ernster Junge von zehn Jahren mit struppigem blondem Haar. Ihm folgte seine kleine Schwester Pem, halb so alt wie er, aber mit dem dreifachen Mundwerk.

Auf der Hügelkuppe angelangt, nickte er Bast zu und senkte dann den Blick. »Geht es dir gut?«

Bast sah daraufhin ebenfalls nach unten und bemerkte zu seinem Erstaunen, dass ihm Blut von der Hand tropfte.

Er zog sein Taschentuch hervor und tupfte sich so elegant die Knöchel ab, als wäre er eine Herzogin, die bei einem festlichen Diner einige Krümel fortwischt.

»Was ist denn mit deiner Hand passiert?«, fragte die kleine Pem.

»Vier Bären haben mich angegriffen«, log Bast leichthin.

Der Junge nickte, ließ sich aber nicht anmerken, ob er ihm glaubte oder nicht. »Ich brauche ein Rätsel, mit dem ich Tessa verblüffen kann«, sagte er. »So ein richtig gutes.«

»Du riechst wie Opa«, piepste Pem, als sie sich neben ihren Bruder stellte.

Wilk beachtete sie überhaupt nicht. Bast tat das Gleiche.

»Also gut«, sagte Bast. »Ich brauche im Gegenzug einen Gefallen. Wir machen ein Tauschgeschäft. Einen Gefallen gegen ein Rätsel.«

»Du riechst wie Opa, wenn er seine Medizin genommen hat«, präzisierte Pem.

»Es muss aber ein gutes sein«, betonte Wilk. »Ein richtiger Knüller.«

»Zeig mir etwas, das noch nie gesehen wurde und nie wieder gesehen werden wird«, sagte Bast.

»Hmmm …«, machte Wilk und blickte nachdenklich.

»Opa sagt, dass es ihm mit seiner Medizin viel besser geht«, sagte Pem lauter, sichtlich verärgert darüber, dass sie ignoriert wurde. »Aber Mama sagt, es ist gar keine Medizin. Sie sagt, er hängt an der Flasche. Opa sagt aber, es geht ihm viel besser, also ist es Medizin, verdammt noch mal.« Sie schaute zwischen Bast und Wilk hin und her, als wartete sie darauf, von den beiden ausgeschimpft zu werden.

Als das nicht geschah, wirkte sie ein wenig niedergeschlagen.

»Das ist nicht schlecht«, sagte Wilk schließlich anerkennend. »Wie lautet denn die Lösung?«

Bast setzte langsam ein Grinsen auf. »Was gibst du mir denn im Tausch dafür?«

Wilk neigte den Kopf zur Seite. »Das habe ich doch schon gesagt. Einen Gefallen.«

»Ich habe dir im Tausch gegen einen Gefallen dieses Rätsel geliefert«, sagte Bast leichthin. »Aber jetzt bittest du mich um die Lösung …«

Wilk blickte einen Moment lang verwirrt, dann lief sein Gesicht vor Wut rot an. Er holte tief Luft, als wollte er schreien. Dann schien er sich eines Besseren zu besinnen und stapfte eilends den Hügel hinab.

Seine Schwester sah ihm hinterher und wandte sich wieder Bast zu. »Dein Hemd ist zerrissen«, sagte sie missbilligend. »Und du hast dir die Knöchel aufgeschürft und hast Grasflecken auf der Hose. Deine Mama wird dir eine ordentliche Tracht Prügel verpassen.«

»Nein, wird sie nicht«, sagte Bast in selbstgefälligem Ton. »Ich bin nämlich schon erwachsen und kann tun, was ich will.«

»Kannst du gar nicht«, sagte Pem.

»Kann ich wohl«, konterte Bast. »Ich könnte meine Hose sogar anzünden und würde dafür überhaupt keinen Ärger bekommen.«

Das kleine Mädchen starrte ihn mit glühendem Neid an.

»Und ich darf übrigens jeden Tag zum Abendessen einen ganzen Kuchen verputzen«, fügte Bast hinzu.

Da kam Wilk den Hügel wieder heraufgestapft. »Also gut«, sagte er mürrisch.

»Zuerst tust du mir meinen Gefallen«, sagte Bast und

reichte dem Jungen eine kleine, leere Flasche, die mit einem Korken verschlossen war. »Ich möchte, dass du diese Flasche mit Wasser füllst, das du mitten in der Luft auffängst.«

»Was?«, fragte Wilk.

»Es muss natürlich fallendes Wasser sein«, sagte Bast. »Du darfst das Wasser nicht aus einem Fass oder einem Bach nehmen. Du musst es auffangen, während es noch mitten in der Luft ist.«

»Wasser fällt aus einer Pumpe, wenn man pumpt …«, sagte Wilk nicht allzu hoffnungsvoll.

»*Natürlich* fallendes Wasser«, sagte Bast erneut und betonte das erste Wort. »Es nützt nichts, wenn sich jemand einfach nur auf einen Stuhl stellt und es aus einem Eimer kippt.«

»Wozu brauchst du das?«, fragte Pem mit ihrer Piepsstimme.

»Was würdest du mir im Tausch für die Antwort auf diese Frage geben?«, konterte Bast.

Da wurde das kleine Mädchen blass und hielt sich beide Hände vor den Mund.

»Es kann sein, dass es tagelang nicht regnet«, sagte Wilk.

Pem ließ die Hände wieder sinken und seufzte laut. »Es muss ja auch kein Regen sein«, sagte sie, und ihre Stimme troff vor Herablassung. »Du könntest einfach zu dem Wasserfall an der Kleinklippe gehen und da die Flasche füllen.«

Wilk stutzte.

Bast grinste sie an. »Du bist ein kluges Mädchen.«

Sie verdrehte die Augen. »Das sagen alle …«

Bast zog etwas aus der Tasche und hielt es empor. Es war eine grüne Maishülse, die um eine klebrige Honigwabe gewickelt war. Das kleine Mädchen bekam große Augen, als sie es sah.

»Außerdem brauche ich einundzwanzig makellose Eicheln«, sagte Bast. »Sie dürfen keine Löcher haben, und alle Hütchen müssen intakt sein. Wenn du die für mich da bei dem Wasserfall sammelst, gebe ich dir das hier.«

Sie nickte eifrig und eilte dann mit ihrem Bruder den Hügel hinab.

Bast ging noch einmal zu dem Weiher bei der Trauerweide und nahm noch einmal ein Bad. Es war nicht seine übliche Badezeit, und daher warteten dort auch keine Vögel auf ihn. Deshalb, und auch weil Emberlee immer noch seine Seife hatte, war die ganze Angelegenheit diesmal längst nicht so vollendet. Er spülte sich den Schweiß und den Honig vom Leib und schrubbte sich dann auch noch die Grasflecken und das Lavendel- und Cinnasfruchtaroma aus den Kleidern. Das kalte Wasser brannte ein wenig in den Wunden an seinen Knöcheln, aber es waren keine ernsthaften Verletzungen, und sie würden von allein wieder heilen.

Nackt und nass hievte er sich aus dem Weiher und suchte einen dunklen Felsen, der von dem langen Sonnentag aufgeheizt war. Er drapierte seine Kleider darüber und ließ sie trocknen, während er sich das Haar ausschüttelte und mit den Händen das Wasser von den Armen und der Brust streifte.

Anschließend legte er sich selbst auf den Felsen und streckte sich auf der glatten, warmen Oberfläche aus wie eine Katze. Eine beeindruckende Prellung blühte auf seinem Oberschenkel und eine weitere an seinem Brustkorb. Das schien Bast aber nicht allzu sehr zu stören. Er verschränkte einen Arm hinterm Kopf, um ihn als Kissen zu nutzen, schloss dann die Augen und nickte schließlich ein, unbekleidet und unbesorgt, das Gesicht friedlich im schwindenden Abendlicht.

Sonnenuntergang

Lügen

Bast wachte fröstelnd auf, als die wandernden Abendschatten ihn bedeckten. Er setzte sich auf, rieb sich das Gesicht und schaute sich mit trüben Augen um. Die Sonne zauste gerade die Wipfel der Bäume im Westen.

Nachdem er seine inzwischen getrockneten Kleider wieder angelegt hatte, ging er zum Blitzbaum zurück. Wilk und Pem waren noch nicht wieder da, was ihn aber auch nicht überraschte. Er aß das Stück Honigwabe, das er Pem versprochen hatte, und leckte sich dann die Finger. Anschließend kaute er müßig auf dem Wachs herum und schaute zwei Habichten zu, die am Himmel ihre Kreise zogen.

Schließlich hörte er einen Pfiff aus dem Wald. Er stand auf und streckte sich, und sein ganzer Körper spannte sich dabei an wie ein Bogen. Dann lief er den Hügel hinab … Bloß dass es in dem schwindenden Licht nicht so ganz nach einem Lauf aussah.

Wäre er ein zehnjähriger Junge gewesen, so hätte es

ausgesehen, als würde er hopsen. Doch er war kein Junge. Wäre er ein Ziegenbock gewesen, so hätte es ausgesehen, als würde er springen. Doch er war kein Ziegenbock. Wäre ein Mann so schnell den Hügel hinuntergelaufen, so hätte es ausgesehen, als würde er rennen. Bei Bast aber wirkte es in dem schwindenden Licht wie eine seltsame Mischung aus diesen dreien.

Auf diese Weise kam er schließlich an den Rand der Lichtung, wo Rike in der heraufziehenden Dunkelheit unter den Bäumen stand.

»Ich hab sie!«, verkündete der Junge triumphierend und hielt eine Hand hoch, doch die Nadel war in dem Dämmerlicht nicht zu erkennen.

»Ausgeborgt?«, fragte Bast. »Nicht getauscht oder gestohlen?«

Rike nickte ernst.

»Also gut«, sagte Bast. »Dann lass auch mal den Stein sehen.«

Rike kramte in seiner Tasche und hielt ihm dann den Stein hin.

Bast nahm ihn nicht entgegen, sondern betrachtete ihn ausführlich und nickte ernst dabei. Er ging sogar so weit, den Stein von dem Jungen umdrehen zu lassen, damit er auch die andere Seite begutachten konnte, und kratzte sich dabei das Kinn. »Ja«, sagte Bast schließlich, als hätte er eine schwere Entscheidung getroffen. »Ja. Sehr gut. Mit dem wird es gehen.«

Da atmete Rike erleichtert auf und wollte Bast den Stein in die Hand drücken.

Bast, der große Künstler, zuckte zurück, als wäre es ein glühender Kohlebrocken.

»Ich … dachte, du wolltest den haben«, stotterte Rike ängstlich, mit einem Mal ganz blass im Gesicht.

»Der ist doch nicht für *mich*«, entgegnete Bast. »Der Zauber wirkt nur bei einer einzigen Person. Deshalb musstest du und nur du den Stein sammeln.« Bast blickte kurz zum Himmel und stellte fest, dass er noch genug Zeit hatte, sich ein wenig zu vergnügen, bevor er zum Wirtshaus zurückmusste. Er war stolz auf all das, was er an diesem Tag vollbracht hatte, doch der Unterschied zwischen Gelingen und bravourösem Gelingen … nun ja … Davon verstehen nur Künstler etwas. Warum sollte man ein Geschenk anfertigen, es schön verpacken und dann die Schleife weglassen?

Bast beugte sich vor und senkte die Stimme. »Der Zauber ist weit mehr als nur die Summe seiner einzelnen Teile«, sagte er. »Die meisten Leute wissen nicht, dass er erst dann wirklich zu wirken beginnt, wenn man versteht, was tief im Herzen eines Menschen vor sich geht«, sagte Bast und tippte dem Jungen mit zwei Fingern sacht auf die Brust.

»Der wahre Zauber schlägt Wurzeln in deinem Verlangen«, fuhr Bast fort und tänzelte dabei zwischen der Wahrheit und dem Volksglauben hin und her, damit der Junge es umstandslos schlucken würde. »Als du beschlossen hast, was du willst: Da hat es begonnen. Dann bist du losgegangen und hast nach bestem Wissen und Gewissen die nötigen Zutaten dafür gesammelt. Und nun stecken wir eine Nadel hindurch, damit das ganze Ding auch tatsächlich hält.«

Bast machte eine wegwerfende Geste und fuhr fort: »Zauber, die anders gemacht werden, sind weiter nichts als törichte Täuscherei.« Er nickte, ziemlich zufrieden mit sich selbst. Dieser Junge war zwar nicht annähernd so scharfsinnig wie Kostrel, mochte sich aber dennoch fragen, warum das »bald«, um das er gebettelt und gefeilscht hatte, anscheinend schon begonnen hatte, bevor Bast den eigentlichen Zauber machte.

Der Junge legte sich die Hand wieder an die Brust und betrachtete den Stein. »Wie meinst du das: Es wirkt nur bei einer einzigen Person?«

Das war es, worum die Gedanken des Jungen gekreist waren? Bast hatte große Mühe, nicht laut zu seufzen. So viel von dem, was er gewirkt hatte, war hier vergeudet. »So sind Zauber nun mal«, log Bast. »Sie wirken immer nur bei einer bestimmten Person.« Als er die Verwirrung sah, die dem Jungen ins Gesicht geschrieben stand, seufzte Bast leise. »Du weißt doch, dass manche Leute einen Liebeszauber dazu verwenden, jemanden anzulocken, nicht wahr?«

Rike nickte und errötete leicht.

»Das hier ist das Gegenteil«, erläuterte Bast. »Kein Kommher-Zauber, sondern ein Geh-fort-Zauber. Du pikst dir in den Finger, gibst einen Tropfen von deinem Blut auf den Stein, und damit ist die Sache besiegelt. Damit bringt man Dinge dazu, dass sie verschwinden.«

Rike sah auf den Stein hinab. »Was für Dinge?«, fragte er.

»Alles, was dir wehtun will«, sagte Bast aus dem Stegreif. »Du kannst dir den Stein einfach in die Tasche stecken und ihn mit dir herumtragen, oder du besorgst dir ein Stück Schnur …«

»Aber sorgt er auch dafür, dass mein Vater verschwindet?«, unterbrach ihn Rike, die Stirn besorgt in Falten gelegt.

»Äh, ja …«, sagte Bast, der durch die Unterbrechungen

ein wenig die Geduld zu verlieren begann. »Das habe ich doch gesagt. Du hast sein Blut. Also wird es ihn stärker abstoßen als irgendetwas sonst. Du wirst dir den Stein wahrscheinlich um den Hals hängen wollen, damit …«

»Und was ist mit einem Bären?«, fragte Rike und betrachtete den Stein nachdenklich. »Würde der Stein auch einen Bären dazu bringen, mich in Ruhe zu lassen?«

Bast hielt inne, denn ihm wurde klar, dass es für dieses ohnehin schon leichtsinnige und halbwilde Kind wirklich nicht gut wäre zu glauben, es wäre vor Bären sicher. »Bei wilden Wesen ist das was anderes«, sagte er. »Die werden allein von ihrem Verlangen angetrieben. Sie wollen dir gar nicht wehtun. Es geht ihnen im Allgemeinen nur um Nahrung und Sicherheit. Ein Bär will …«

»Darf ich den denn meiner Mama geben?«, unterbrach Rike ihn abermals und sah zu Bast auf. Seine dunklen Augen blickten ernst.

»… meist nur sein Territorium beschützen … Was?«, geriet Bast ins Stocken.

»Meine Mama sollte ihn haben«, sagte Rike mit plötzlicher Entschiedenheit. »Was ist, wenn ich mit dem Zauberstein mal weg bin, und mein Papa kommt zurück?«

»Er wird viel weiter weggehen, als du denkst«, sagte Bast im Brustton der Überzeugung. »Es ist ja nicht so, dass er sich bloß um die Ecke in der Schmiede verstecken wird.«

Rike hatte plötzlich eine fest entschlossene Miene aufgesetzt, und seine Stupsnase ließ ihn sogar noch störrischer wirken. Er schüttelte den Kopf. »Meine Mama sollte den haben. Sie ist wichtig. Sie muss sich um Tess und die kleine Bip kümmern.«

Bast winkte ab. »Das wird schon klappen …«

»Der Stein muss für SIE sein!«, schrie Rike, mit einem Mal wütend, und ballte die Hand, in der er den Stein hielt, zur Faust. »Du hast gesagt, er ist nur für eine bestimmte Person, also mach es so, dass er für sie ist!«

Bast bedachte den Jungen mit einem bösen Blick. »Dein Ton gefällt mir ganz und gar nicht«, sagte er grimmig. »Du hast mich gebeten, dafür zu sorgen, dass dein Papa verschwindet, und genau das werde ich tun …«

»Aber was ist, wenn das nicht genügt?« Rike hatte die Stimme gesenkt, und sein Gesicht war rot angelaufen.

»Es wird genügen«, sagte Bast und fuhr sich gedankenverloren mit dem Daumen über die aufgeplatzten Fingerknöchel. »Er wird weit weggehen, und zwar bald. Du hast mein Wort …«

»NEIN!«, sagte Rike mit vor Wut gerötetem Gesicht. »Was ist, wenn es nicht genügt, *ihn* wegzuschicken? Was ist, wenn ich als Erwachsener genauso werde wie mein Papa? Ich bin immer so …« Ihm versagte die Stimme, und Tränen traten ihm in die Augen. »Ich bin kein guter Mensch. Ich weiß es. Ich weiß es besser als jeder andere. Wie du gesagt hast: Ich habe sein Blut. Meine Mama muss in Sicherheit sein. Auch vor mir. Wenn ich später als Erwachsener auch so bin, braucht sie den Zauberstein, um … Dann braucht sie was, um mich zum Verschwinden …«

Rike biss die Zähne zusammen, außerstande weiterzusprechen.

Bast legte dem Jungen eine Hand auf die Schulter. Er war starr wie ein Stück Holz. Langsam zog Bast ihn an sich und schloss ihn dann sanft in die Arme. So standen sie einen ganzen Moment lang da, Rike angespannt wie eine Bogensehne und zitternd wie ein Segel im Wind.

»Rike«, sagte Bast leise. »Du bist ein guter Junge. Weißt du das?«

Da sank Rike mit dem Gesicht an Basts Bauch und schien sich vor Schluchzern gar nicht mehr halten zu können. Was er dann sagte, war gedämpft und unzusammenhängend. Bast gab leise tröstende Laute von sich, wie man sie etwa verwendet, um ein Pferd zu beruhigen oder einen aufgebrachten Bienenschwarm zu besänftigen.

Dann ebbte die Verzweiflung ab, und Rike löste sich wieder von ihm und wischte sich mit dem Ärmel grob übers Gesicht. Der Sonnenuntergang begann gerade, den ganzen Himmel in den verschiedensten Rottönen zu färben.

»Also gut«, sagte Bast und blickte kurz zum Firmament empor. »Es ist Zeit. Wir machen den Stein für deine Mutter.«

Sie gingen ans Ufer des Bachs hinab, wo sie beide ein wenig Wasser tranken und Rike sich das Gesicht waschen und sich ein wenig beruhigen konnte. Anschließend bemerkte Bast, dass nicht alles, was er bei Rike für Schmutzflecken gehalten hatte, auch Schmutz war. Das war ein naheliegender Fehler: Die Sommersonne hatte dem Jungen einen nussbraunen Teint verliehen, und an Schmutz hatte es ihm nicht gefehlt. Doch selbst nachdem er sich gewaschen hatte, erkannte man nicht auf den ersten Blick, dass es Nachwirkungen von Prellungen waren.

Trotz anderslautender Gerüchte besaß Bast jedoch scharfe Augen. Und daher erblickte er sie, da er nun einmal tatsächlich hinsah, selbst in dem schwindenden Licht. Auf der Wange und am Kiefer. Eine dunkle Stelle rings um ein dünnes Handgelenk. Und als Rike sich bückte, um aus dem Bach zu trinken, erhaschte Bast einen Blick auf den Rücken des Jungen …

Als er den Jungen anschließend zurück zum Graustein am Fuße des Hügels führte, war Bast ungewöhnlich schweigsam. Er erklomm eine Seite des halb umgestürzten Steins, und Rike folgte ihm wortlos. Auf der großen Oberseite des Steins hatten sie beide genug Platz, um zu stehen.

Rike schaute sich ängstlich um, als fürchtete er, jemand könnte sie sehen. Doch sie waren dort ganz allein. Es war nun genau die Zeit des Tages, zu der alle Kinder der Ortschaft zum Abendessen nach Hause liefen und sich beeilten, damit sie nicht von der Dunkelheit eingeholt wurden.

Sie standen einander auf dem großen grauen Stein gegenüber, die große dunkle Gestalt, die ganz nach einem Mann aussah, und die kleinere dunkle Gestalt, die ziemlich nach einem Jungen aussah.

»Es gibt ein paar Änderungen, die wir vornehmen müssen, damit der Stein zu deiner Mutter passt«, sagte Bast ohne Vorrede. »Du wirst ihn ihr schenken müssen. Flusssteine wirken am besten, wenn man sie verschenkt.«

Rike nickte ernst und sah auf den Stein in seiner Hand hinab. »Und was ist, wenn sie ihn nicht tragen will?«, fragte er leise.

Bast stutzte. »Sie wird ihn tragen, denn es ist ja schließlich ein Geschenk von dir«, sagte er.

»Und wenn nicht?«, fragte der Junge.

Bast setzte zu einer Antwort an, zögerte und schloss den Mund wieder. Er sah genau im richtigen Moment zum Himmel empor, um die ersten Sterne der Abenddämmerung auftauchen zu sehen. Dann sah er wieder zu dem Jungen – und seufzte. Er war nicht gut in so was.

Dabei war vieles davon ganz einfach. In Herzen ließ sich leichter lesen als in Büchern. Glamourie war im Grunde nicht viel mehr, als die Leute das sehen zu lassen, was sie sehen wollten. Und närrische Menschen zum Narren zu halten, war ja wohl kaum ausgefuchste Grammarie.

Aber das hier? Jemanden von der Wahrheit zu überzeugen, der im Kopf zu verdreht war, um sie zu erkennen? Wie sollte Bast einen solchen Knoten lösen?

Es war wirklich rätselhaft. Diese Geschöpfe, die von ihrem Verlangen zugleich erfüllt und gemartert waren. Eine Schlange würde sich niemals selbst vergiften, diese Menschen aber hatten eine regelrechte Kunst daraus gemacht. Sie hüllten sich in Ängste, und dann weinten sie, weil sie nichts mehr sahen. Es machte einen wütend. Und es brach einem schier das Herz.

Und daher wählte Bast den einfachen Weg.

»Das gehört mit zu dem Zauber dazu«, log er. »Wenn du es ihr dann schenkst, musst du ihr sagen, dass du es für sie gemacht hast, weil du sie lieb hast.«

Der Junge schaute unbehaglich, als versuchte er, einen Stein herunterzuschlucken.

»Nur so kann es richtig funktionieren«, sagte Bast in entschiedenem Ton. »Und wenn du willst, dass der Zauber stark bleibt, musst du ihr jeden Tag sagen, dass du sie lieb hast. Einmal morgens und einmal abends.«

Der Junge holte tief Luft und stählte sich, bevor er mit entschlossener Miene nickte. »Gut. Das kann ich tun.«

»Also dann«, sagte Bast. »Zuerst sprichst du den Namen deines Vaters.«

»Jessom Williams«, sagte Rike und sah aus, als wäre ihm dabei zum Speien zumute.

Bast nickte. »Nun setz dich hierhin. Und piks dir in den Finger.«

Die beiden saßen einander im Schneidersitz auf dem Graustein gegenüber. Bast legte sein Taschentuch zwischen sie, und Rike legte den dunklen Stein darauf, nahm die Nadel und stach sich damit in den Finger.

Dann nahm Rike den Stein wieder zur Hand und beobachtete aufmerksam, wie ein Blutströpfchen aus seiner Fingerkuppe quoll und auf den glatten dunklen Stein fiel.

»Drei Tropfen«, sagte Bast sachlich.

Der Junge ließ noch zwei weitere Tropfen auf den Stein fallen und rieb sie ein. Die dunkle Farbe des Steins veränderte sich dabei in dem schwindenden Licht überhaupt nicht.

Bast nahm das Taschentuch wieder zur Hand, doch als er den Blick hob, um es dem Jungen zu reichen, erstarrte er bei dem, was er sah.

Direkt über der Schulter des Jungen erhob sich der schwarz auslaufende Stumpf des Blitzbaums vor dem farbenprächtigen Abenddämmerungshimmel. Und direkt über Rikes Kopf hing die Mondsichel. Sie hing dort wie eine Sichelklinge. Wie eine Schale.

Sie hing über dem Kopf des Jungen, hell wie Eisen. Sie ruhte dort wie eine Krone, wie ein Paar Hörner. Ja, natürlich.

Da lachte Bast, es brach aus ihm hervor, wild und hocherfreut. Dann lachte er noch einmal, und es klang wie jauchzend badende Kinder, wie Glockenschall und Vogelsang, wie jemand, der Ketten sprengt.

Er grinste Rike an, und in diesem Moment sah er – obwohl er es nicht wusste – ganz und gar wie ein Dämon aus.

Bast streckte seine Hand aus, und sein Lächeln war breit und weiß, und das irre Gelächter perlte rings um seine Stimme hervor. »Gut!«, sagte er, und ein Hauch von Triumph schwang dabei mit. »Gib mir die Nadel!«

Rike zögerte. »Du hast gesagt, es muss nur …«

Da lachte Bast abermals. Er wusste, er sollte das nicht tun, aber es gab Momente, da lachte er bloß, um nicht aufzuplatzen, so voller Gelächter war er. Es war, als hätte man ein mächtiges Niesen unterdrücken wollen. Manchmal offenbarte sich die Welt auf so vollkommene Weise zugleich als Scherz, Bild und Rätsel. Gelächter war der wahre Applaus, den man der Welt dafür zollte, dass sie so schön war.

Und wenn auch für ihn selbst dabei noch ein klein wenig Applaus übrig bliebe, dann wäre das nur recht so. Es war ja schließlich keine Kleinigkeit, einen Weg zu finden, wie man die Dinge an der Nahtstelle von allem miteinander zur Deckung brachte. Doch wenn man über die Fähigkeit verfügte, zu erkennen, dass man genau dort war? Nun, dann ergriff man die Gelegenheit beim Schopfe. Das waren die Momente, in denen sich zeigte, was für ein Künstler einer wirklich war.

»Erzähl mir nicht, was ich gesagt habe«, entgegnete Bast, doch obwohl seine Stimme hoch und wild klang, war sein Ton weder scharf noch streng. Er blickte zum Himmel hinauf. Es wurde langsam dämmrig. »Halt den Stein so, dass das Loch nach oben zeigt.«

Rike tat wie geheißen.

»Die Nadel.«

Rike hielt sie ihm hin. Bast nahm sie mit äußerster Vorsicht entgegen, als griffe er nach einer Brennnessel. Als hielte er eine Schlange zwischen Daumen und Zeigefinger.

Er schloss die Augen und lauschte auf Rikes Atem und auf den sachten Wind. Dies war sein Ort. Er hörte das Plätschern des Bachs, der im Uhrzeigersinn um den Fuß des Hügels verlief. Er spürte das Fließen des Bachs in seinen Knochen und wandte sich dem Weg des Erschaffens zu.

Grinsend schlug Bast die Augen wieder auf. »Halt ihn ruhig.«

Im schwindenden Licht starrte Rike ihn an. Basts Augen waren tiefdunkel. Er lächelte wie ein Kind, das wusste, dass es schlau, flink und wild genug war, um den Mond zu stehlen.

Bast stieß sich die Nadel in die Daumenkuppe. Ein Blutstropfen quoll hervor. Er drehte die Hand so, dass sie eine seltsame Bewegung durch die Luft vollführte. Der schwarze Tropfen hing noch einen Moment lang da und fiel dann durch das Loch in der Mitte des Zaubersteins auf den Graustein hinab.

Kein Laut war zu hören. Kein Lüftchen regte sich. Kein Donner erklang in der Ferne. Wenn überhaupt, schien der Abend ein wenig stiller zu sein.

»War's das?«, fragte Rike nach einem Moment, offensichtlich noch etwas mehr erwartend.

»Das haben wir gut begonnen«, sagte Bast und leckte sich das Blut vom Daumen. Er bewegte den Mund ein wenig und spuckte sich das Bienenwachs, auf dem er herumgekaut hatte, in die Hand. Er rollte es ein wenig zwischen den Fingern und reichte es Rike. »Reib das in den Stein ein, und dann musst du dich an den Blitzbaum setzen.«

Rike spähte zu dem allerletzten Schimmer des Sonnenuntergangs hinüber. »Äh … meine Mama wird sich fragen, wo ich bleibe.«

Bast nickte anerkennend. »Es ist löblich, dass du daran denkst. Aber wir müssen noch den Rest erledigen.« Er deutete zu dem Baum hinauf. »Weißt du, was eine Nachtwache ist?«

Rike nickte mit starrem Blick und schien sich seiner Sache nun nicht mehr so sicher zu sein.

»Das ist der zweite Teil. Du musst mit deinem Zauberstein eine Nachtwache halten«, sagte Bast. »Du hältst den Stein in den Händen und wartest auf mich. Denk darüber nach, wer du bist und wer du sein möchtest. Und wenn du darüber nachgedacht hast, denkst du daran, wie sehr du deine Mutter lieb hast.« Bast blickte wieder kurz zum Himmel. »Der dritte Teil kommt später, wenn der Mond hoher steht.«

Rike erhob sich und ging dann den Hügel hinauf.

Bast sprang leichtfüßig von dem Graustein und war flugs im Wald verschwunden.

Abenddämmerung

Karotten

Auf halber Strecke zurück zum Wirtshaus zum WEGSTEIN wurde Bast mit einem Mal klar, dass er nicht die leiseste Ahnung hatte, wo seine Karotten abgeblieben waren.

Nacht

Dämonen

Als Bast durch die Hintertür ins Wirtshaus kam, empfing ihn der Duft von ofenfrischem Brot, von dunklem Bier, von Pfeffer und von köchelndem Eintopf. Er schaute sich in der Küche um und sah Krümel auf dem Brotbrett und den Deckel neben dem Kessel liegen. Das Abendessen war bereits aufgetragen worden.

Auf leisen Sohlen ging er hinüber und spähte in den Schankraum. Die üblichen Leute hockten am Tresen. Da waren der alte Cob und Graham, die eben ihre Schalen leerten. Der Schmiedelehrling wischte seine Schale mit Brotbrocken aus und stopfte sie sich dann nacheinander in den Mund. Jake strich gerade Butter auf seine letzte Scheibe Brot, und Shep klopfte mit seinem leeren Bierkrug höflich an die Theke, wobei der hohle Klang für sich sprach.

Bast eilte mit einer frischen Schale Eintopf für den Schmiedelehrling in den Schankraum hinüber, und der Wirt zapfte Shep derweil ein frisches Bier. Bast nahm die geleerte Eintopfschale mit, verschwand wieder in der Küche und kam dann mit einem weiteren Laib Brot zurück, der halb aufgeschnitten war und noch dampfte.

»Ratet mal, wovon ich heute Wind bekommen hab«, sagte der alte Cob mit dem selbstgefälligen Grinsen eines Mannes, der wusste, dass er von allen in der Runde die interessanten Neuigkeiten parat hatte.

»Was denn?«, fragte der Schmiedelehrling, den Mund halb voll Eintopf.

Der alte Cob streckte die Hand aus und griff sich den Brotkanten, was er als Ältester unter den Anwesenden als Vorrecht für sich beanspruchte – obwohl er eigentlich gar nicht der Älteste war und sich außer ihm niemand etwas aus dem Kanten machte. Bast hegte den Verdacht, dass er den Kanten nahm, weil er so stolz darauf war, dass er noch so viele Zähne hatte.

Cob grinste. »Rate doch mal«, sagte er zu dem Jungen, strich sich dann langsam Butter aufs Brot und biss hinein.

»Ich schätze mal, es hat irgendwas mit Jessom Williams zu tun«, sagte Jake unbekümmert. Der alte Cob starrte ihn böse an, den Mund voll Butterbrot.

»Ich hab nämlich Folgendes gehört«, sagte Jake langsam und lächelte, während sich der alte Cob ärgerlich abmühte, zu Ende zu kauen. »Jessom war unterwegs, um nach seinen Fallen zu schauen, und da hat sich ein Puma auf ihn gestürzt. Und als er vor dem Puma weglief, hat er die Orientierung verloren und ist die Kleinklippe runtergestürzt. Er soll ziemlich übel zugerichtet sein.«

Der alte Cob hatte es schließlich geschafft, seinen Bissen herunterzuschlucken. »Du bist doch dumm wie Bohnenstroh, Jacob Walker. Wer hat denn behauptet, dass es ein Puma war?«

Jake hielt ein wenig zu lange inne, bevor er sagte: »Das scheint mir eine ganz vernünftige Erklärung zu sein …«

»Ich weiß nicht, was du immer mit deinen Pumas hast«, sagte der alte Cob und bedachte ihn mit einem finsteren Blick. »Jessom war einfach nur sturzbetrunken. Das ist es, was ich gehört hab, und das ist das Einzige, was einen Sinn ergibt. Denn er hat in der Nähe der Kleinklippe überhaupt keine Fallen aufgestellt. Es sei denn, du glaubst, ein Puma hätte ihn fast zwei Meilen weit durch die Gegend gejagt …«

Der alte Cob lehnte sich auf seinem Stuhl zurück, selbstgefällig wie ein Richter.

Jake funkelte ihn daraufhin giftig an, doch bevor er noch etwas sagen konnte, meldete sich Graham zu Wort. »Ein paar Kinder haben ihn gefunden, die da am Wasserfall gespielt haben. Sie dachten, er wäre tot, und sind losgelaufen, um den Wachtmeister zu holen. Wie sich dann aber rausstellte, hatte er sich bloß den Kopf angeschlagen und war sturzbesoffen. Das kleine Mädchen hat gesagt, er hätte nach Alkohol gestunken, und außerdem hätte er sich an ein paar Glasscherben geschnitten.«

Der alte Cob riss die Hände hoch. »Na großartig!«, sagte er und funkelte abwechselnd Graham und Jake an. »Gibt es noch irgendwelche Teile meiner Geschichte, die ihr erzählen wollt, bevor ich damit fertig bin?«

Graham wirkte verblüfft. »Ich dachte, du wärst schon …«

»Ich war noch nicht fertig«, sagte Cob, als redete er mit einem absoluten Einfaltspinsel. »Ich wollte es nur langsam angehen lassen. Grundgütiger Tehlu. Es würde ein ganzes Buch füllen, was ihr alles nicht darüber wisst, wie man eine Geschichte erzählt.«

Unter den Freunden herrschte für einen Moment angespanntes Schweigen.

»Ich hab auch Neuigkeiten«, sagte der Schmiedelehrling beinahe schüchtern. Er saß leicht geduckt am Tresen, als wäre es ihm peinlich, dass er einen Kopf größer war als alle anderen und doppelt so breite Schultern hatte. »Also, falls sonst noch niemand etwas davon gehört hat …«

Shep ergriff das Wort. »Erzähl schon, Junge. Du brauchst nicht zu fragen. Die beiden hacken schon seit Jahren aufeinander rum. Die meinen das nicht so.«

Der Schmiedelehrling nickte und zuckte mit keiner Wimper, als er wieder mal »Junge« genannt wurde, obwohl er inzwischen den Löwenanteil der Schmiedearbeiten der Ortschaft erledigte und schon seit zwei Jahren mit den anderen Männern hier im Wirtshaus trank.

»Also, ich hab gerade Hufeisen gemacht«, sagte der Schmiedelehrling, »als der verrückte Martin reinkam.« Der Junge schüttelte verwundert den Kopf und trank einen großen Schluck Bier. »Ich hab ihn bisher nur ein paarmal hier im Ort gesehen und hatte ganz vergessen, wie groß er ist. Ich bin fast mit ihm auf Augenhöhe, aber ich glaube, er ist sogar noch ein bisschen größer als ich. Und heute hat er Gift und Galle gespuckt. Ich schwör's euch. Er sah aus, als hätte man zwei wütende Stiere zusammengebunden und hätte ihnen ein Hemd übergezogen!« Der Junge lachte so unbefangen wie jemand, der ein wenig mehr Bier getrunken hat, als er gewohnt ist.

Dann herrschte kurz Schweigen. »Und was ist da jetzt die Neuigkeit?«, fragte Shep sanft und gab ihm einen Stups.

»Ach so, ja!«, sagte der Schmiedelehrling. »Er ist reingekommen und hat Meister Ferris gefragt, ob er genug Kupfer hätte, um einen großen Kessel zu flicken.« Dabei breitete der Junge seine langen Arme aus, wobei er eine Hand beinahe Shep ins Gesicht geschlagen hätte.

»Anscheinend hat jemand seine geheime Brennerei entdeckt«, sagte der Schmiedelehrling mit gedämpfter Stimme und beugte sich dabei leicht schwankend nach vorn. »Hat 'ne Menge von seinem Schnaps mitgehen lassen und den Laden auch noch ganz schön verwüstet.« Der Junge lehnte sich auf seinem Stuhl zurück und verschränkte stolz die Arme vor der Brust, überzeugt, dass er seine Geschichte gut erzählt hatte.

Doch es folgte nun nichts von der Aufregung, die guter Tratsch normalerweise nach sich zieht. Der Junge trank noch einen Schluck Bier und schaute sich dann verwirrt um.

»Grundgütiger Tehlu«, sagte Graham, mit einem Mal ganz blass im Gesicht. »Martin wird ihn umbringen.«

»Was?«, sagte der Lehrling und blinzelte wie eine Eule. »Wen?«

»Jessom, du Idiot«, blaffte Jake. Er versuchte, dem Jungen einen Klaps auf den Hinterkopf zu geben, doch da er nicht bis dort hinaufreichen konnte, begnügte er sich mit dessen Schulter. »Der Kerl, der mitten am Tag sturzbesoffen von der Klippe gefallen ist.«

»Ich dachte, da steckt ein Puma dahinter«, sagte der alte Cob gehässig.

»Wenn Martin ihn in die Finger kriegt, wird er sich wünschen, dass es zehn Pumas gewesen wären«, erwiderte Jake düster.

»Was?«, lachte der Schmiedelehrling. »Der verrückte Martin? Klar, der ist nicht ganz dicht, aber *böse* ist er nicht. Vor ein paar Wochen hat er mich zwei Stunden lang mit irgendwelchem Schwachsinn über Gerste vollgequatscht«, sagte er und lachte wieder. »Wie gesund die doch wär. Und dass Weizen einen ins Verderben stürzt. Und dass Geld schmutzig ist. Und dass es einen an die Erde kettet oder irgend so ein Quatsch.«

Der Lehrling senkte die Stimme und zog die Schultern ein wenig ein, riss dann die Augen auf und ahmte den verrückten Martin ganz passabel nach. *»Weißt du das?«*, fragte er mit rauher Stimme und umherirrendem Blick. *»Ja. Du weißt Bescheid. Hörst du, was ich sage?«*

Da lachte der Lehrling wieder, und zwar ein wenig lauter, als wenn er nüchtern gewesen wäre. »Die Leute glauben immer, sie müssten sich vor großen Menschen fürchten, aber das stimmt gar nicht. Ich zum Beispiel hab in meinem ganzen Leben noch niemanden geschlagen.«

Alle starrten ihn nur an – mit todernstem Blick.

»Martin hat vor ein paar Jahren an einem Markttag einen von Ensals Hunden umgebracht«, sagte Shep. »Mitten auf der Straße. Er hat eine Schaufel nach ihm geschleudert, als wäre es ein Speer.«

»Den letzten Priester hätte er auch fast umgebracht«, sagte Graham in seinen Krug hinein, ehe er einen Schluck daraus nahm. »Den vor Abbe Leodin. Keiner weiß, warum. Der war zu Martin nach Hause gegangen. Und an dem Abend hat Martin ihn dann in einer Schubkarre zurück in den Ort gebracht und ihn vor der Kirche abgeladen. Er hatte ihm den Kiefer gebrochen. Ein paar Rippen auch und so. Erst nach drei Tagen ist er wieder zu sich gekommen.« Er sah den Schmiedelehrling an. »Aber das war vor deiner Zeit. Kein Wunder, dass du das nicht weißt.«

»Er hat sogar mal einen Kessler geschlagen«, sagte Jake.

»Einen Kessler geschlagen?«, platzte der Wirt ungläubig hervor.

»Reshi«, sagte Bast in sanftem Ton. »Martin ist einfach komplett *verrückt.«*

Jake nickte. »Nicht mal der Steuereintreiber traut sich zu Martin nach Hause.«

Cob sah aus, als wollte er Jake erneut zurechtweisen, beschloss dann aber offenbar, einen behutsameren Ton anzuschlagen. »Ja«, sagte er. »Das stimmt schon. Aber das liegt daran, dass Martin seine volle Dienstzeit in der Armee des Königs abgeleistet hat. Acht Jahre.«

»Und als er wiederkam, war er so verückt wie ein tollwütiger Hund«, fügte Shep leise hinzu.

Doch da war der alte Cob schon von seinem Hocker aufgestanden und auf halbem Weg zur Tür. »Genug gequatscht. Wir müssen Jessom Bescheid sagen. Dass er verschwinden kann, bis Martin sich wieder ein bisschen beruhigt hat …«

»Du meinst: nach seinem letzten Atemzug?«, entgegnete Jake. »Weißt du noch, wie er bei dem alten Wirtshaus ein Pferd durchs Fenster gestoßen hat, weil ihm der Mann hinterm Tresen kein Bier mehr geben wollte?«

»Einen *Kessler?«*, fragte der Wirt noch einmal und klang dabei ebenso fassungslos wie zuvor.

Dann machte sich mit einem Mal Schweigen breit, denn vor der Wirtshaustür waren Schritte zu hören. Alle starrten dorthin und verharrten wie versteinert – außer Bast, der sich in Richtung Küche verdrückte.

Als die Tür aufging und Carters große, schlanke Gestalt hereinkam, atmeten alle erleichtert auf. Carter schloss die Tür hinter sich und hatte die Anspannung im Raum gar nicht bemerkt. »Ratet mal, wer heute Abend eine Flasche Whiskey für alle spendiert!«, rief er fröhlich und blieb dann verwirrt stehen, als er den Raum voller grimmiger Gesichter erblickte.

Der alte Cob machte sich erneut auf den Weg zur Tür und bedeutete seinem Freund, ihm zu folgen. »Komm, Carter, wir erklären dir das unterwegs. Wir müssen Jessom finden, und zwar ganz schnell.«

»Da habt ihr aber einen langen Ritt vor euch«, sagte Carter. »Den hab ich nämlich heute Abend ganz bis nach Baedn gefahren.«

Nun schienen sich alle im Raum zu entspannen. »Darum bist du so spät dran«, sagte Graham zutiefst erleichtert.

Er ließ sich wieder auf seinen Hocker sacken und pochte einmal auf den Tresen. Bast zapfte ihm noch ein Bier.

Carter stutzte. »So spät nun auch wieder nicht«, brummte er. »Ganz bis nach Baedn und zurück. Dank trockener Straße und leerem Wagen hab ich das doch verdammt schnell geschafft.«

Der alte Cob legte ihm eine Hand auf die Schulter. »Nee, darum geht es nicht«, sagte er und lenkte seinen Freund in Richtung Tresen. »Wir hatten es nur ein wenig mit der Angst bekommen. Du hast dem verdammten Idioten wahrscheinlich das Leben gerettet, indem du ihn von hier fortgebracht hast.« Er sah ihn mit zusammengekniffenen Augen an. »Obwohl ich dir ja immer wieder sage, dass du heutzutage solche Fahrten nicht mehr allein unternehmen sollst …«

Der Wirt holte für Carter eine Schale Eintopf, und Bast ging derweil nach draußen, um sich um dessen Pferd zu kümmern. Während Carter sein Abendessen zu sich nahm, erzählten ihm seine Freunde häppchenweise den Tratsch des Tages.

»Na, das erklärt einiges«, sagte Carter. »Als Jessom bei mir aufgetaucht ist, hat er fürchterlich nach Schnaps gestunken und ausgesehen, als hätten ihn sieben verschiedene Dämonen in die Mangel genommen.«

»Nur sieben?«, fragte Bast.

Carter trank einen Schluck Bier und schien länger über die Frage nachzudenken, als sie es wert war. »Ja. Aber alles verschiedene Dämonen, wohlgemerkt. Einer war anscheinend so ein richtiger Schlagringspezialist, und ein anderer ist wohl mit einer Gerte auf ihn losgegangen …«

Er brach ab und runzelte die Stirn, als er bemerkte, dass ihm anscheinend nicht mehr als zwei Arten von Dämonen einfielen.

»Und einer hat ihm wahrscheinlich mit einer Flasche eins übergebraten«, sprang Shep hilfsbereit ein. Er war in seiner Jugend als Karawanenwächter ziemlich weit rumgekommen und hatte dabei allerlei Gewalttaten erlebt.

»Und einer hat ihm bestimmt ordentlich Stiefeltritte verpasst, nachdem er ihn zu Boden geworfen hatte«, schaltete sich der Schmiedelehrling frohgemut ein und hob seinen fast leeren Bierkrug.

»Kann mir nicht vorstellen, dass es einen Dämon gibt, der nur mit einer Gerte zuschlägt«, sinnierte Graham in Richtung Jake. »Das kommt mir ein bisschen lasch vor.«

»Ich würd ja lieber einen ordentlichen Schlag in die Magengrube abbekommen, als mich mit 'ner Gerte verdreschen zu lassen«, sinnierte Jake zurück. »Meine alte Oma konnte ja kaum 'ne Katze hochheben, aber wenn die mir mit ihrem Rohrstock einen verpasst hat, hab ich Sterne gesehen.«

»… voll in die Eier!«, fügte der Schmiedelehrling hinzu und machte eine enthusiastische Fußbewegung.

Der alte Cob räusperte sich, und das Gespräch verstummte. »Nehmen wir mal an, es war eine hinreichend bunt gemischte Gruppe von Dämonen«, sagte er und bedachte sie alle mit einem strengen Blick, bevor er Carter mit einer Geste bat, mit seiner Geschichte fortzufahren.

»Über ihre Anzahl kann man sich meinetwegen streiten«, räumte Carter ein. »Aber die Dämonen, die da waren, haben ganze Arbeit geleistet. Er war schwer angeschlagen, und irgendwas stimmte nicht mit seinem Arm, und er hinkte. Er hat mich gebeten, ihn zum Eisernen Saal zu fahren, und da hat er dann gleich des Königs Sold angenommen.«

Carter trank einen Schluck Bier. »Dann hat er sein Geld gewechselt und hat mir den doppelten Preis geboten, damit ich ihn auf der Stelle nach Baedn fahr. Ich hab ihn gefragt, ob wir nicht noch bei ihm halten sollen, um seine Anziehsachen zu holen oder so, aber er schien es wirklich sehr eilig zu haben.«

»Bei der Armee des Königs braucht man kein Gepäck«, sagte Shep. »Die kleiden ihn da ein und werden ihn auch gut verpflegen.«

Graham stieß einen Seufzer aus. »Das war echt Rettung im letzten Moment. Könnt ihr euch vorstellen, was passiert wäre, wenn Martin ihn in die Finger gekriegt hätte?«

»Und stell dir mal vor, was passiert wäre, wenn die Staatsgewalt dann anschließend bei Martin aufgetaucht wäre«, sagte Jake düster.

Alle schwiegen für einen Moment. Manchmal starben Leute. Aber ein offenkundiger Mord – da kam dann die

Gerichtsbarkeit der Krone ins Spiel. Und es fiel ihnen allen sehr leicht, sich den Ärger auszumalen, der dabei herausgekommen wäre, wenn jemand einen Beamten der Krone hier vor Ort angegriffen hätte.

Dann sah sich der Schmiedelehrling zu den anderen um. »Aber was ist mit Jessoms Familie?«, fragte er sichtlich besorgt. »Wird sich Martin die jetzt vorknöpfen?«

Die Männer am Tresen schüttelten einmütig den Kopf. »Martin ist zwar verrückt«, sagte der alte Cob, »aber so einer ist er nicht. Er würde sich niemals an Frauen oder Kindern vergreifen.«

»Ich hab gehört, er hat den Kessler damals geschlagen, weil der sich an die junge Jenna rangemacht hat«, sagte Graham.

Daraufhin grummelte die Gruppe vor sich hin, und es klang ein wenig wie ferner Donner.

Als das Grummeln verklungen war, herrschte einen Moment lang Stille. »Nee«, sagte der alte Cob leise. »So war das nicht.«

Alle im Raum drehten sich erstaunt zu ihm um. Sie kannten Cob schon ihr ganzes Leben lang und hatten alle seine Geschichten schon gehört. Dass er ihnen all die Jahre etwas vorenthalten haben sollte, erschien ihnen beinahe unvorstellbar.

»Ich hab den Kessler damals abgepasst, als er seine Geschäfte schon größtenteils erledigt hatte«, sagte Cob, ohne von seinem Bier aufzublicken. »Ich hatte gewartet, weil ich ihn was fragen wollte … in einer Angelegenheit, die keinen was angeht.« Er hielt einen Moment inne, seufzte dann und zuckte die Achseln. »Und da hat er ziemlich über das Thema schwadroniert.« Cob schluckte. »Und … na ja, ihr kennt mich ja. Ich hab ihm gesagt, dass mir sein Ton nicht gefällt.«

Der alte Mann schwieg einen Moment. »Und dann hat er mich sozusagen … geschubst. Und weil ich nicht damit gerechnet hatte, bin ich hingefallen. Und er … nun ja … er hat ein bisschen auf mich eingeprügelt.« Selbst der abziehende Rauch im Kamin war in diesem Moment lauter als die anderen Männer im Raum, während der alte Cob seinen Bierkrug zwischen den Händen hin und her drehte. Er hielt den Blick immer noch gesenkt. »Er hat auch ein paar Sachen gesagt. Was das im Einzelnen war, weiß ich aber nicht mehr.«

Da huschte ein Hauch von einem Lächeln über das Antlitz des alten Mannes, und er sah von seinem Bier auf. »Und dann kam Martin um die Ecke.« Er tauschte einen Blick mit Jake und Graham. »Und ihr wisst ja, wie Martin sein kann, wenn er sich mal in was verrannt hat.«

Jake nickte. »Er ist mal zu mir gekommen, als ich gerade in meinem Garten war, und hat mich gefragt, warum meine Zaunpfähle nicht vierkantig wären. Ich hab erst überhaupt nicht verstanden, was er damit meinte, und er hat nichts von dem, was ich gesagt habe, gelten lassen. Er hat einfach keine Ruhe mehr gegeben. Er kam mir vor wie ein Hund, der an seinem eigenen Bein herumnagt. Hat mir Vorträge gehalten noch und nöcher. Er konnte es einfach nicht verstehen, konnte anscheinend aber auch nicht einfach weiter seiner Wege gehen.«

Cob griff sich an die Nase. »Ja, so ist es«, sagte er. »Ich hab noch nie jemanden erlebt, der sich derart in was verrennen kann wie Martin. Und damals an diesem Abend sah Martin mich also mit diesem großen Scheißkerl, der über mir stand, mit Blut an den Fingerknöcheln …« Cob schüttelte angesichts der Erinnerung den Kopf. »Und da hat er sich in gar nichts verrannt. Er hat kein Wort gesagt, hat mit keiner Wimper gezuckt. Er kam um die Ecke, sah mich und ist direkt auf den Kessler losgegangen.«

Der alte Cob gluckste ein wenig vor grimmiger Befriedigung. »Das war, als würde ein Hammer auf einen Schinken eindreschen. Er hat den Kerl mit einem Schlag auf die Straße hinausgeschleudert. Drei Meter weit, ich schwör's bei Gott. Dann hat Martin mich angesehen, wie ich da wie ein Käfer auf dem Rücken lag, und ist zu dem Kerl hingegangen und hat ihm noch einen ordentlichen Stiefeltritt verpasst.« Er nickte dem Schmiedelehrling zu. »Wirklich ein ordentlicher Tritt, aber noch längst nicht so fest, wie er hätte zutreten können. Und nur ein Mal. Das Unglaublichste aber war der Ausdruck auf seinem Gesicht. Man konnte förmlich sehen, wie er im Kopf abgerechnet hat. Wie ein Geldverleiher mit seiner Waage.«

»Der Kerl war gar kein richtiger Kessler«, warf Jake ein. »Ich erinnere mich an den.«

Einige der anderen nickten wortlos. Sie ließen mit Bedacht etwas Zeit verstreichen und tranken schweigend ihr Bier.

»Und was ist, wenn Jessom zurückkommt?«, fragte der Schmiedelehrling schließlich. »Ich hab schon von Leuten gehört, die besoffen zur Armee gegangen sind, und als sie dann wieder nüchtern waren, haben sie's mit der Angst gekriegt und haben sich ganz schnell wieder verdrückt.«

Alle hielten inne, um darüber nachzudenken. Erst im Monat zuvor war ein Trupp der königlichen Garde durch die Ortschaft gekommen und hatte Anschläge ausgehängt, auf denen für die Ergreifung von Deserteuren eine Belohnung ausgelobt wurde.

»Grundgüter Tehlu«, sagte Shep mit grimmiger Miene. »Dann wäre die Kacke natürlich so richtig am Dampfen.«

»Jessom kommt nicht zurück«, meinte Bast in wegwerfendem Ton. In seiner Stimme schwang eine solche Gewissheit mit, dass sich alle neugierig zu ihm umdrehten.

Bast brach ein Stück Brot ab und steckte es sich in den Mund, bevor er bemerkte, dass er im Mittelpunkt der Aufmerksamkeit stand. Er schluckte krampfhaft und machte eine weit ausladende Geste mit beiden Händen. »Was?«, fragte er und lachte. »Würdet ihr etwa zurückkommen, wenn ihr wüsstet, dass Martin hier auf euch wartet?«

Alle ächzten verneinend und schüttelten den Kopf.

»Man muss schon wirklich bekloppt sein, um Martins Brennerei zu demolieren«, meinte der alte Cob.

»Vielleicht hat sich Martin ja in acht Jahren ein bisschen beruhigt«, sagte Shep.

»Vielleicht leihe ich auch einem Prinzen mal einen Penny, und er zahlt ihn mir tatsächlich zurück«, entgegnete Jake düster. »Aber man sollte seine Hoffnungen im Leben auch nicht zu hoch schrauben.«

Mitternacht

Lektionen

Rike saß ganz ernst und feierlich am Fuße des Blitzbaums, als Bast dorthin zurückkam. Dann erhob er sich steif und sah zu Bast auf. »Was nun?«, fragte er.

Bast nickte. »Das ist eine gute Frage«, sagte er in schwermütigem Ton. »In vieler Hinsicht ist es die einzige wichtige Frage, die es gibt.«

Rike wartete geduldig und erwiderte nichts.

»Erinnerst du dich an unsere Abmachung?«, fragte Bast den Jungen.

Rike zitterte ein wenig, auch wenn Bast nicht erkennen konnte, ob vor Furcht, Erschöpfung oder Kälte. Rike nickte langsam. »Jawohl.«

Bast stutzte minimal, als er das hörte. Dann hob er den Blick und betrachtete den Mond, der direkt über ihnen stand. Über dem Baum. Über dem Jungen. »Jetzt kommen wir zum wichtigsten Teil. Du hattest inzwischen ein wenig Zeit, darüber nachzudenken.« Bast sah zu dem Jungen hinunter. »Also. Sag mir: Wer bist du, deiner Meinung nach?«

Er hatte erwartet, dass der Junge entweder mit irgendeinem Blödsinn herausplatzen oder nur schweigen und Bast damit nötigen würde, ihm eine Antwort zu entlocken.

Doch Rike überraschte ihn. »Ich bin ein Lügner«, sagte der Junge mit ruhiger und ernster Stimme. »Und ich fange viel zu schnell an, Leute zu hassen. Und ich werde ständig wütend.« Rike schluckte. »Ich wünschte, es wäre einfach nur ein Dämon, der da in meinem Schatten lebt, aber so ist es nicht. Ich wünschte, ich wäre einfach nur wertlos, aber ich bin schlimmer. Es ist nicht so, dass ich im Grunde gut bin und irgendwas mich böse macht.« Er blickte zu Boden. »So bin ich einfach. Ich bin wie mein Papa.«

Bast neigte den Kopf und nahm die Antwort augenscheinlich ungerührt zur Kenntnis. »Und nun sag mir, wer du sein möchtest.«

Wieder antwortete der Junge, ohne zu zögern. »Ich möchte wieder der Junge sein, der ich war, als es nur mich und meine Mama gab«, sagte er, und mit einem Mal liefen ihm Tränen übers Gesicht. »Ich will mich nicht mehr so fühlen, wie ich mich jetzt fühle. Ich möchte der Junge sein, der ich früher mal war.«

Bast trat näher heran, und seine anmutige Bewegung hatte etwas leicht Seltsames. Rike versuchte unwillkürlich zurückzuweichen, doch er saß ja bereits mit dem Rücken an dem glatten, knochenbleichen Baumstamm.

Langsam bückte sich Bast und senkte sein Gesicht direkt vor Rikes. Seine Augen waren so dunkel wie der Neumond.

»Du gehörst mir«, sagte Bast. »Und zwar ganz und gar. Zunge und Zähne. Vom Namen bis zum Nacken.« Es war keine Frage, aber etwas an seinem Ton ließ erkennen, dass er eine Antwort erwartete.

Der Junge nickte hölzern.

Bast hob eine Hand und legte sie über Rikes Kopf an den glatten Baumstamm. Dann ging er langsam gegen den Uhrzeigersinn um den Baum herum, bis er wieder vor dem Jungen stand. »Der Teil deines Vaters, der in deinem Schatten lebt. Der gehört nun mir. Deine Furcht, dass du als Erwachsener so sein wirst wie er. Auch die gehört nun mir. Der Teil von dir, der sich selbst hasst und glaubt, es wäre richtig, dich zu hassen. Auch der gehört nun mir. Und ich nehme sie dir alle ein für alle Mal weg.« Seine Stimme hatte nun etwas von einem Meißel, der auf Stein einhaut. »Und zwar … *jetzt*.«

Bast ging noch einmal um den Jungen herum in die Runde. Er bewegte sich gegen den Lauf der Welt, auf dem Wege des Zerstörens. »Du bist kein Lügner«, sagte Bast. »Sag es.«

Rike machte den Mund auf und hielt dann inne.

Als er den Baum umrundet hatte, senkte Bast sein Gesicht erneut ganz nah vor das des Jungen. »Du bist einfach nur ein Junge, der gelogen hat.« Und in einem peitschengleichen Tonfall: »Sag es.«

»Ich hab gelogen«, sagte Rike leise. »Aber ich bin kein Lügner.«

»Du hast böse Dinge getan«, sagte Bast. »Aber du bist nicht böse.« Schweigen. »Sag es.«

»Ich bin nicht böse.«

Langsam, als stemmte er sich gegen Sturm oder Wasser an, tat Bast den Schritt, der seine dritte und letzte Umrundung des Baums vollendete. Es ging kein Wind. Keine Grille zirpte. Die Nacht stand mit angehaltenem Atem wie vor einem Münzwurf da.

Bast blieb wieder vor dem Jungen stehen. »Du bist nicht wertlos.« Er nahm die Hand vom Baumstamm herab und legte sie Rike auf die Brust, direkt überm Herzen. Rike hatte die Augen geschlossen, spürte aber dennoch, wie Bast sich zu ihm hinabbeugte.

»Du bist so kostbar wie der Mond«, sagte Bast voller Sanftheit und Gewissheit. Rike spürte Basts Atem sacht über sein Gesicht streichen. Er roch nach Veilchen und Honig.

Rikes Mund bewegte sich leise. Seine Augen waren immer noch geschlossen.

Bast legte seine Hand wieder an den Stamm und ging nun in der Gegenrichtung um den Baum herum. Seine Schritte beschrieben einen engen Kreis um den Baum, um den Jungen, um den Mond am Himmel. Er ging nun mit dem Lauf der Welt, auf dem Weg des Erschaffens, auf dem Weg, auf dem Dinge zu mehr von dem gemacht wurden, was sie bereits waren. Und in diesem Moment und an diesem Ort hielt Bast seinen Herzenswunsch wie einen Nagel, den er mit aller Kraft in die Welt einschlagen würde.

Eine weitere Runde im Uhrzeigersinn. Dann hielt Bast kurz inne, ließ die Hand aber nicht über Rikes Kopf am Baumstamm ruhen. »Denk mal dran, was du alles getan hast, um die drei zu beschützen«, sagte er. »Du bist mutig und stark und voller Liebe.«

Mit den Fingern sacht um den Stamm gleitend, umrundete Bast ein drittes Mal auf dem Weg des Erschaffens den Baum. Wieder an seinem Ausgangspunkt angelangt, löste er die Hand vom Stamm, kniete nieder und schloss den Jungen in die Arme.

Und zuletzt flüsterte er Rike etwas ganz sacht ins Ohr, etwas so Wahres, dass nur der Junge es hören konnte.

Bast wartete am Fuße des Hügels auf Rike. Er saß auf dem großen umgestürzten Stein, ließ die Füße baumeln und sah den Glühwürmchen dabei zu, wie sie mit den Sternen zu flirten versuchten, die sich im Bach spiegelten. Bast lächelte und kam nicht umhin, von solch enormen Ambitionen beeindruckt zu sein. Wenn doch nur alle so unerschrocken wären …

Als er Rike langsam den Hügel herabkommen sah, lächelte Bast fast genauso. Kostrel hatte recht gehabt. Das war die effektivste Methode. Man ging einfach schichtweise vor, wie bei der Sahne auf dem Zuckerguss auf dem Kuchen.

Ohne etwas zu sagen, hüpfte Bast von dem Graustein herab, und dann gingen die beiden langsam durch den in Mondschein getauchten Wald und folgten kaum sichtbaren Pfaden, die nur Rehe und Kinder kannten. Auf halber Strecke griff Rike nach Basts Hand und hielt sie fest. Bast war erstaunt, aber es war ihm nicht unangenehm. Er drückte dem Jungen kurz die Hand, ohne ihn anzusehen.

Sie gingen quer durch den Obstgarten der Alsoms, doch die Äpfel dort waren noch klein und grün. Sie sprangen über eine tiefe Bodenspalte, an deren Grund ein unsichtbarer Wasserlauf rauschte. Sie schreckten ein Opossum auf, schauten zu den Sternen empor und krochen unter der mächtigen Hecke rings um die stillgelegte alte Mühle hindurch.

Sie blieben beieinander, bis sie den bernsteinfarbenen

Lampenschein im Fenster des Hauses seiner Mutter erblickten. Dann blieb Bast zurück und ließ Rike die letzten Schritte allein gehen.

Im Wirtshaus zum WEGSTEIN war Ruhe eingekehrt, und auch die letzten Gäste waren inzwischen gegangen. Es war an diesem Abend später geworden und lebhafter gewesen als sonst, dank all der Neuigkeiten und auch weil Carter ungewöhnlich gut bei Kasse gewesen war.

Nun aber saßen Bast und der Wirt in der Küche beisammen und bereiteten sich aus den Resten des Eintopfs und einem halben Laib Brot ihr eigenes Abendessen.

»Also, was hast du heute gelernt, Bast?«, fragte der Wirt.

Bast grinste breit. »Heute, Reshi, habe ich herausgefunden, wo Emberlee ihr Bad nimmt!«

Der Wirt neigte nachdenklich den Kopf zur Seite. »Emberlee? Die Tochter der Familie Alard?«

»Emberlee Ashton!« Bast warf die Arme hoch und seufzte aufgebracht. »Sie ist ja auch bloß das drittschönste Mädchen im Umkreis von zwanzig Meilen, Reshi!«

»Ah«, sagte der Wirt, und zum ersten Mal an diesem Tag huschte ein aufrichtiges Lächeln über sein Gesicht. »Die musst du mir mal zeigen.«

Bast grinste. »Ich nehme dich morgen dahin mit«, sagte er aufgeregt. »Sie ist süß wie Sahne und prachtvoll gebaut.« Nun nahm sein Lächeln etwas Lüsternes an. »Sie ist *Milchmädchen*, Reshi«, sagte er. »Stell dir das vor: ein *Milchmädchen …*«

Der Wirt schüttelte den Kopf, konnte sich ein Lächeln

aber nicht verkneifen. Schließlich brach er kurz in glucksendes Gelächter aus und hob die Hand. »Du kannst sie mir ja mal irgendwann zeigen, wenn sie ihre Kleider anhat, Bast«, sagte er betont gleichmütig. »Das würde vollkommen genügen.«

Bast seufzte missbilligend. »Es würde dir auch guttun, mal ein wenig hier rauszukommen, Reshi.«

Der Wirt zuckte die Achseln. »Mag sein«, sagte er und stocherte in seinem Eintopf herum.

Dann aßen sie eine Weile schweigend weiter. Bast überlegte, was er sagen könnte.

»Ich habe übrigens die Karotten besorgt, Reshi«, sagte Bast schließlich, als er den letzten Rest Eintopf aus dem Kupferkessel in seine Schale schöpfte.

»Besser spät als nie, was?«, erwiderte der Wirt. Das kurze Gelächter gerade eben war längst vergessen, und nun klang seine Stimme lustlos und grau. »Dann werden wir sie morgen verwenden.«

Bast rutschte verlegen auf seinem Sitz hin und her. »Ich fürchte, ich hab sie anschließend irgendwo liegen lassen«, sagte er kleinlaut.

Das entlockte dem Wirt wieder ein Lächeln, müde zwar, aber aufrichtig. »Mach dir keine Gedanken deswegen, Bast.« Dann hielt er inne und richtete den Blick auf Basts Hand. »Wie ist das denn passiert?«

Bast betrachtete die Knöchel seiner rechten Hand. Sie bluteten nicht mehr, aber die Verletzung war nicht zu übersehen. Seine linke Hand hingegen hatte nur ein paar leichte Schrammen abbekommen.

»Ich bin von einem Baum gefallen«, antwortete Bast. Das war zwar nicht gelogen, beantwortete aber die Frage nicht.

Es war besser, nicht unverhohlen zu lügen. Selbst in diesem Zustand, nur noch ein Schatten seiner selbst, war sein Herr niemand, der sich leicht zum Narren halten ließ.

»Du solltest vorsichtiger sein, Bast«, sagte der Wirt und stocherte lustlos in seinem Essen herum.

»Ich war vorsichtig, Reshi«, sagte Bast. »Ich hab drauf geachtet, dass ich im Gras lande – und so weiter.«

Das entlockte dem Wirt erneut ein Lächeln, doch nicht viel mehr als das. »Und da es hier so wenig zu tun gibt, Bast, wäre es schön, wenn du dich mehr deinen Studien widmen würdest.«

»Ich habe heute viel gelernt, Reshi«, beteuerte Bast.

Der Wirt hob den Blick. »Tatsächlich?«, fragte er, vermochte seine Skepsis aber nicht zu verhehlen.

»Ja!«, sagte Bast mit hoher, ungeduldiger Stimme. »Alle möglichen Dinge! *Wichtige* Dinge!«

Da hob der Wirt eine Augenbraue, und sein Blick wurde schärfer. »Dann lass mal hören, ich bin gespannt.«

Bast überlegte kurz und beugte sich auf seinem Stuhl vor. »Also«, sagte er mit verschwörerischer Eindringlichkeit. »Zunächst das Allerwichtigste. Ich weiß aus zuverlässiger Quelle, dass Nettie Williams heute einen wilden Bienenschwarm entdeckt hat.« Er grinste begeistert. »Mehr noch: Ich habe gehört, es ist ihr gelungen, die Königin einzufangen …«

Nachwort des Verfassers

Erster Teil:
Eine klumpige Brühe ohne Geschmack

Ich will hier ganz ehrlich zu euch sein.

Im Laufe der Jahre hatte ich oft Schwierigkeiten, etwas zu Ende zu schreiben. In seltenen Fällen ist das kein großes Problem, sondern eher eine amüsante Herausforderung – wie das Lösen eines Rätsels oder das Herausfinden aus einem Escape-Room.

Normalerweise aber ist es nicht im Mindesten amüsant. Es ist, als wäre man auf einer Straße voller Schlaglöcher unterwegs. Oder als würde man während eines Tornados versuchen, einkaufen zu gehen. Es hat etwas von jenen Träumen, in denen man unbedingt irgendwo hinmuss, aber einfach nicht von der Stelle kommt, sosehr man sich auch bemüht …

Das Überarbeiten dieser Novelle war ein Problem der ersten Kategorie. Der ganze Text wurde dabei *deutlich* vielschichtiger, als ich erwartet hatte. Zwar hatte ich ein schlechtes Gewissen, weil ich so lange dafür brauchte, aber ich spürte förmlich bei jedem Schritt, wie die Geschichte besser wurde. Viel besser. All die Mühe hatte sich also gelohnt.

Aber dieses Nachwort hier? Das ist ein Problem der zweiten Kategorie. Weil ich annahm, dass es mir leicht von der Hand gehen würde, schob ich die Arbeit daran auf, bis Lektorat, Korrektorat und künstlerische Gestaltung abgeschlossen sein würden. Doch nun sitze ich hier und fange, fast einen Monat nachdem ich es ursprünglich fertig haben wollte, noch einmal ganz von vorne damit an.

Das Problem ist nicht das Schreiben selbst. Eine etwa zwanzig Seiten lange Rohfassung davon hatte ich längst fertig. Ich erzähle darin, wie *Der Blitzbaum* damals entstand und später zu etwas ganz Neuem wurde. Ich schildere die schwierige Suche nach einem Titel für dieses Buch. Ich sinniere über eine bestimmte Art von Fantasy-Geschichten. Es folgt ein kleiner Essay über die kulturelle Universalität des Wahrsagens und die Entstehungsgeschichte der Embrils in Temerant. Der Text enthält allerlei interessante Nebenbemerkungen, philosophische Einschübe, amüsante Anekdoten.

Aber egal, wie ich dieses ganze Material arrangierte: Es hat einfach nicht funktioniert.

Da die meisten von euch wahrscheinlich keine Schriftsteller:innen sind, werde ich mal versuchen, das in einem anderen Kontext zu erläutern.

Stellt euch vor, ihr geht in den Lebensmittelladen, kauft Hühnchen, Kartoffeln und Karotten, sucht dann noch ein paar frische Kräuter heraus und kocht den ganzen Tag lang eine Suppe. Ihr gebt Salz, Pfeffer und Knoblauch hinein und überhaupt alle Zutaten, die ihr mögt. Zutaten, von denen ihr wisst, dass sie gut schmecken. Zutaten, die alle zusammen eine köstliche Suppe ergeben müssten.

Und wenn ihr fertig seid, habt ihr da, obwohl ihr so viel Liebe und Arbeit hineingesteckt habt, lediglich eine warme, klumpige Brühe ohne Geschmack.

So sah der vergangene Arbeitsmonat bei mir aus. Ich habe immer wieder Zutaten zusammengerührt, die eigentlich ein gutes Nachwort ergeben müssten, doch was dabei herauskam, war weiter nichts als eine klumpige Brühe ohne Geschmack. Das macht einen wütend, das ist frustrierend, das ist beängstigend.

Das ist also meine Situation. Ich muss dieses Nachwort heute noch fertigkriegen. Das habe ich mir selbst, meinem Verlag und meinen Kindern versprochen.

Mein Plan dabei ist das, was ihr hier seht. Zunächst einmal werde ich ganz ehrlich zu euch sein. Ich wollte euch ein wirklich exzellentes Nachwort bieten. Es sollte unterhaltsam, informativ, tiefgründig, klug, charmant, aufschlussreich, witzig, fesselnd und amüsant sein. Ich wollte euch damit ein von Herzen kommendes Lächeln entlocken und euch das ganze Leid der Welt für kurze Zeit vergessen lassen. Das wäre ein Nachwort, wie ihr es verdient.

Doch dazu bin ich anscheinend nicht in der Lage. Sorry. Ich werde hier mein Bestes geben, und wenn es nicht so gut ist, wie wir alle gehofft haben, tut es mir wirklich leid.

Der zweite Teil meines Plans ist (hoffentlich) genial: Ich werde auf die eine Sache zurückgreifen, die ich immer tun kann, egal, wie schwer mein Tag war. Die eine Sache, derer ich in all den Jahren nie müde geworden bin. Die eine Sache, die unweigerlich mein Herz erfreut.

Ich werde euch ein paar Geschichten über meine Kinder erzählen.

Zweiter Teil: Was mir meine Kinder über Geschichten beigebracht haben

Lasst uns die Bühne bereiten. Es treten auf:

Oot: Mein älterer Sohn. Frischgebackener Teenager. Aufgeweckt, einfühlsam, rücksichtsvoll. Langes blondes Haar. Mein lieber kleiner Wikinger.

Cutie: Mein jüngerer Sohn. Um die zehn Jahre alt. Aufgeweckt, einfühlsam, schelmisch. Langes blondes Haar. Mein lieber kleiner Engel.

Als Oot etwa zwei Jahre alt war, habe ich ihm viele Geschichten erzählt. Und eine seiner Lieblingsgeschichten war die vom großen bösen Wolf und den drei kleinen Schweinchen.

Sie ist gewissermaßen der Goldstandard für Kindergeschichten. Da ist alles drin. Das ganze Paket.

Ich sehe es förmlich vor meinem geistigen Auge, wie ich Oot damals diese Geschichte erzählte. Da sitzt er in unserem großen Bett, ein rosiger Wonneproppen in Windeln, und schaut zu mir hoch. Er lauschte wie gebannt und bat immer wieder darum, diese Geschichte erzählt zu bekommen.

Denn kleine Kinder, falls ihr das noch nicht wusstet, hören liebend gern immer und immer wieder dieselbe Geschichte.

Eines Tages, nachdem ich als Wolf gerade (wenn ich das mal von mir selbst behaupten darf) besonders ausdrucksvoll geprustet und gepustet hatte, sah er mich an und sagte in seiner Babysprache, die ich ausgezeichnet verstand: »Erzählst du mir vom großen GUTEN Wolf?«

Das traf mich wie ein Donnerschlag. Er war wie gesagt ganz vernarrt in diese Geschichte, und wie wir bereits festgestellt haben, hören Kinder liebend gern immer und immer wieder dasselbe. Wenn ihr jemals einem Kind vorgelesen habt, wisst ihr ja sicherlich, was für Formen das annehmen kann. Sie protestieren sogar lauthals, wenn man in einer ihrer Lieblingsgeschichten auch nur ein einziges Wort weglässt.

Dennoch verstand ich genau, was er mir damit sagen wollte. Ich stellte ihn mir plötzlich als kleinen Filmproduzenten vor, der mir seine Meinung zu meiner ersten Fassung eines Drehbuchs mitteilte. »Pat. Baby. Bubele. Ich finde es großartig, was du mir da geschickt hast. Es ist perfekt. Drama! Brüderschaft! Das Prusten. Das Pusten. Ich liebe es! Erst Stroh, dann Holz … dann *Ziegelsteine?* Was für eine Wendung! Und dann die Moral von der Geschicht'! Spitzenklasse! Du wirkst da wahre Wunder!«

Dann hält er in meiner Vorstellung inne. Die nächsten Worte wählt er mit Bedacht, denn er will mich nicht kränken …

»Aber dieser Wolf. Der frisst ja die Schweinchen, nicht wahr? Und die Schweinchen sind doch sprechende und fühlende Wesen. Findest du das nicht ein bisschen daneben? Ich meine, ich bin ein kleines Kind, und du erzählst mir hier eine Geschichte über jemanden, der ein Serienmörder ist. Ich finde es großartig, wie klug das dritte Schweinchen am Ende der Geschichte ist. Es ist ganz offensichtlich das klügste der Schweinchen. Das machst du sehr gut schon dadurch klar, dass es sich ein Haus aus Ziegelsteinen gebaut hat. Aber den Wolf dann durch den Kamin zu locken und in einen Topf mit kochendem Wasser fallen zu lassen … Willst du damit etwa Folter und Vergeltungsmord als etwas ganz Normales darstellen? Wo bleibt denn da das gute alte ›Und sie lebten glücklich bis an ihr Lebensende‹? Versuchst du etwa, einem Zweijährigen Selbstjustiz schmackhaft zu machen? Ich meine, er soll doch wohl ein liebes Schweinchen sein – und nicht Batman. Hab ich nicht recht?«

Ja, er hatte recht. Er wollte mir damit sagen, dass er die Geschichte zwar liebend gern hörte – aber warum musste der Wolf so ein Scheißkerl sein? Genauer gesagt: Warum musste der Wolf ein kannibalischer Mörder sein, der sich so ungeheuerlich verhielt, dass man ihm nur durch eine absolut schreckliche Todesfalle Einhalt gebieten konnte?

Worum er mich da im Grunde bat, war eine Geschichte ohne den Kampf und Streit. Ohne Spannung und Feindseligkeit. Ohne viele der Dinge, von denen ich gelernt hatte, dass sie fürs Geschichtenerzählen *unerlässlich* sind.

Das war damals für mich kein völlig neuer Gedanke. Schließlich hatte ich zu diesem Zeitpunkt schon vierzehn Jahre damit zugebracht, einen Fantasy-Roman zu schreiben, in dem es keinen einzigen Schwertkampf gab – und auch weder eine Koboldarmee noch eine drohende Apokalypse. Ich hatte es bewusst vermieden, einen Löwengott zu Tode foltern zu lassen, und bei mir murksten auch keine Bauernjungen irgendwelche Tyrannen oder verrückten

Zauberer ab. Niemand zerstörte irgendetwas in einem Vulkan und vernichtete damit die gesamte Magie, sodass die Elben auf ewig so traurig waren, dass sie für alle Zeit aus dieser Welt abhauten.

Ich war immer davon ausgegangen, dass eine gute Geschichte so bombastische Sachen nicht nötig hat. Das war einer meiner Leitgedanken, als ich *Der Name des Windes* schrieb, und wenn man bedenkt, wie viele Leute diesen Roman gelesen und ihren Freundinnen und Freunden empfohlen haben, spricht rein von den Zahlen her einiges dafür, dass ich damit richtiglag.

Doch in diesem Moment bewies mir mein zweijähriger Sohn, dass wir tatsächlich nicht als blutrünstige kleine Monster geboren werden, die geradezu süchtig nach Bosheit und Zwietracht sind.

In diesem Moment wurde mir ein für alle Mal klar, dass Geschichten auch von Liebenswürdigkeit und Sanftheit handeln und dennoch spannend und unterhaltsam sein können. Es sollte mehr solcher Geschichten geben. Ja, wir lieben das Prusten und Pusten. Wir lieben die Ziegelsteine. Aber warum sollten wir uns nicht von dem Glauben verabschieden, dass es immer einen bösen Wolf oder überhaupt etwas Böses geben muss? Warum erzählen wir nicht stattdessen von einem guten Wolf?

Und buchstäblich erst jetzt, während ich das hier tippe, wird mir klar, dass Bast genau das ist. Er ist ein guter Wolf.

(Ich weiß ja nicht, wie es euch geht, aber ich zumindest finde, dass sich dieses Nachwort ganz gut anlässt. Ich bin aufgeregt.)

Nun folgt ein kleiner Zeitsprung um fast zehn Jahre voraus. Inzwischen hatte ich mir angewöhnt, meinen Jungs abends etwas vorzulesen. Sämtliche Bände von *Unsere kleine Farm*. Einiges aus den *Chroniken von Narnia*. Willy Wonka (zweimal). *Der Hobbit* (dreimal). *Das letzte Einhorn*. *Das Graveyard-Buch*. Und auch andere Sachen – eine wilde Mischung aus verschiedenen Genres und Epochen.

Wir hatten gerade mit einem Klassiker begonnen, den ich den Jungs unbedingt nahebringen wollte. Das Buch gefiel ihnen zwar ganz gut, vermochte sie aber nicht zu fesseln. Und mir ging es, wie ich betroffen feststellte, genauso. Ich war auch erstaunt, wie schwer es sich vorlesen ließ. Das Buch war über sechzig Jahre alt, und dieser Satzbau … Nun, sagen wir einfach nur, viele dieser Sätze gingen mir nicht gerade leicht über die Lippen.

Und so beschlossen wir, zu einem anderen Buch zu wechseln, und da es mir ja vor allem um die gute Vorlesbarkeit ging, schlug ich mehr oder weniger im Scherz vor, eines *meiner* Bücher zu nehmen. Genauer gesagt: *Die Musik der Stille*.

Die beiden waren von der Idee ganz begeistert. Verblüffend begeistert. Ich aber bereute sofort, dass ich das vorgeschlagen hatte. Es war mir irgendwie peinlich, und ich konnte nicht sagen, warum.

Die Musik der Stille ist ein sehr sonderbares Buch. Versteht mich bitte nicht falsch. Ich liebe es. Aber es ist ein Buch, in dem praktisch nichts geschieht. Es ist weniger eine Geschichte als vielmehr eine dreißigtausend Worte lange Skizze. Es gibt darin keine Handlung im herkömmlichen Sinn. Keine Dialoge. Jemand hat es mal als »Geschichte eines traurigen Mädchens, das alle möglichen Dinge zur Hand nimmt und dann wieder hinlegt« beschrieben, und das ist zwar nicht sonderlich schmeichelhaft, trifft den Nagel aber auf den Kopf.

Meine Jungs aber waren erstaunlicherweise begeistert von der Idee. Also gab ich nach und machte ihnen einen Kompromissvorschlag. Ich würde ihnen zehn Minuten lang daraus vorlesen, und wenn es ihnen dann nicht gefiele oder ich mir zu seltsam dabei vorkäme, würden wir es abbrechen, und keiner von uns würde das übel nehmen.

Und so machten wir es uns wieder im Bett gemütlich, und ich begann vorzulesen. Zu meiner großen Überraschung fühlte ich mich gar nicht seltsam dabei. Ich hatte ja seinerzeit auch das Hörbuch dazu eingelesen und erinnerte mich nun daran, wie viel Spaß mir das damals gemacht hatte.

Und vor allem waren die Jungs sehr angetan davon. Sie lagen reglos da und lauschten. Aufmerksam folgten sie dieser sonderbaren Geschichte eines Mädchens, das ganz auf sich allein gestellt ist, sich ihren Gedanken hingibt und sich voller Achtsamkeit durch ihre kleine unterirdische Welt bewegt.

Und so las ich weiter vor, und nach einiger Zeit kamen wir dann zu der Szene, in der Auri schwimmt und Foxen ihr aus der Hand gleitet.

Und Cutie, der sich unter die Decke gekuschelt hatte und eigentlich allmählich schläfrig werden sollte, saß auf einmal kerzengerade im Bett. »Oh nein!«, ruft er. Er bebt am ganzen Leib und hört sich ganz verzweifelt an. »Die sind doch schon *ewig* zusammen!«

Wir hatten gerade erst zwanzig Minuten gelesen. Er wusste nicht das Geringste über meine Welt oder diese Figuren.

Ich habe im Laufe der Jahre viele gute Kritiken bekommen. Ich habe Preise gewonnen. Ich war ganz oben auf Bestsellerlisten vertreten. Meine Bücher wurden in über 35 Sprachen übersetzt, und die Gesamtauflage liegt bei über zehn Millionen Exemplaren. Ich habe Signierstunden gegeben, zu denen mehrere tausend Leute kamen. In Madrid habe ich einnmal vierzehn Stunden lang signiert. Ich war Ehrengast auf einem Dutzend Conventions. Und einmal haben mich *an einem einzigen Tag* sowohl Felicia Day als auch Neil Gaiman umarmt.

Womit ich sagen möchte, dass mir im Leben viel Erfüllung zuteilgeworden ist. Was Lob und Applaus angeht, bin ich wirklich nicht zu kurz gekommen. Und obwohl ich mich in beruflicher Hinsicht meist als Versager ansehe, weil ich auf unproduktive Weise obsessiv, wankelmütig und unpünktlich bin, weiß ich schon seit langer Zeit, dass ich gut mit Worten umgehen kann. Ich bin stolz auf die Sachen, die ich geschrieben habe.

Doch als sich mein jüngerer Sohn, offenkundig ganz verzweifelt, im Bett aufrichtete, weil er so sehr mit Auri und Foxen mitfühlen konnte, obwohl er sie erst seit sechzehn Seiten kannte … da war ich mir mit einem Mal auf einer ganz neuen Ebene meiner Sache sicher und dachte: »Ich hab das wirklich drauf.«

Es brachte mich auch dazu, *Die Musik der Stille* in einem anderen Licht zu sehen. Das Buch erschien mir nun nicht mehr als seltsames Nebenprojekt, das nur einigen wenigen Leuten gefallen würde, die ohnehin schon Fans meiner Werke waren – sondern als etwas, das allen gefallen könnte. Als eine zarte, kleine Geschichte, die einem dennoch wichtig und emotional wahrhaftig vorkommt. Mit einem Mal war ich stolz darauf, sie in die Welt gesetzt zu haben.

Wenn mir das nicht widerfahren wäre, hätte ich es wahrscheinlich auch nicht als gerechtfertigt angesehen, den *Blitzbaum* nach all den Jahren noch einmal grundlegend zu überarbeiten. Ursprünglich hatte ich in dieser Geschichte sozusagen nur den Eingangsflur neu tapezieren wollen. Dann aber nahm das Projekt immer größere Ausmaße an, bis ich schließlich sämtliche Trockenbauwände entfernte, die ganze Elektrik und alle Rohrleitungen neu verlegte und zum krönenden Abschluss – um Platz für eine Kücheninsel zu schaffen – auch noch eine tragende Wand herausriss.

Und nachdem es nun fertig ist, bin ich sehr froh, dass ich mich dazu entschlossen habe. Rike und Bast hatten etwas Besseres verdient, und das haben sie nun bekommen.

Dritter Teil: Ein offener Brief an meine Kinder

Hallo, meine lieben Jungs!

Gerade habe ich euch das obige Nachwort vorgelesen, um sicherzugehen, dass ihr mit allem einverstanden seid, was ich da geschrieben habe. Dass es euch recht ist, dass ich diese Dinge der ganzen Welt mitteile. Wie wir ja oft besprochen haben, ist Einverständnis bei so etwas sehr wichtig.

Ich habe diese Geschichte vor langer Zeit geschrieben. Oot, du warst damals noch ganz klein, und Cutie, du warst noch nicht mal geboren – aber schon geplant. Das bedeutet, dass all die Kinderfiguren in dieser Geschichte erschaffen wurden, als ich selbst noch nicht allzu viel Erfahrung mit Kindern hatte. Und vor allem kannte ich euch beide als ältere Kinder damals noch gar nicht.

Daraus ergeben sich einige Dinge.

Erstens: Keine dieser Kinderfiguren beruht auf einem von euch oder auf irgendetwas, das ihr getan oder gesagt habt. Ich erwähne das, weil ich weiß, dass die Leute versucht sein werden, Parallelen zu ziehen und Einflüsse zu ergründen. Das ist ein ganz normaler menschlicher Drang. Wir alle wollen Dingen auf den Grund gehen und die Entstehung von etwas nachvollziehen. Sogar ihr werdet euch vielleicht eines Tages mal fragen, ob in dieser Geschichte irgendein verborgener Kommentar über euch oder euer Verhalten drinsteckt. Dem ist nicht so. Macht euch nicht verrückt, indem ihr nach so etwas sucht.

Zweitens möchte ich einfach sagen, dass ich stolz darauf bin, wie gut mir diese Kinderfiguren trotz meiner damals mangelnden Erfahrung gelungen sind. Ich finde sie ziemlich lebensecht. Anscheinend bin ich ganz gut darin, mir etwas auszudenken. Wer hätte das geahnt?

Sechstens und letztens: danke, dass ihr mir geholfen habt, dieses Buch zu schreiben – auch wenn ihr das möglicherweise gar nicht bemerkt habt. Danke, dass ich euch während der Arbeit daraus vorlesen durfte. Es war mir eine große Freude, es mit euch zu teilen. Eure Reaktionen halfen mir, viele Kleinigkeiten zu verbessern, und gaben mir die Gewissheit, dass in dieser Geschichte zwar vieles verborgen ist, die wesentlichen Dinge aber nicht allzu tief unter der Oberfläche ruhen.

Drittens: danke, dass ihr heute so geduldig wart. Diese gemeinsamen Sommertage sind unbeschreiblich kostbar. Das Wetter war herrlich, unser Garten eine Pracht, und wir waren ja eigentlich zu einem Brettspiel verabredet. Ich hatte gehofft, dieses Nachwort innerhalb von zwei Stunden fertig zu bekommen – und nun sind es über sieben geworden. Ihr habt euch kein einziges Mal beklagt und wart einfach nur lieb und verständnisvoll. Mit eurer Freundlichkeit und Rücksichtnahme verblüfft ihr mich immer wieder. Jetzt, in diesem Moment, höre ich euch unten den Tisch fürs Abendessen decken und dabei plaudern und singen.

Zum Abschluss möchte ich euch noch Folgendes sagen:

So stolz ich auch auf die Kinder bin, die ich für diese Geschichte erschaffen habe: Euch beiden können sie nicht das Wasser reichen. Ihr seid viel wilder, witziger und weiser. Viel klüger und liebenswürdiger. Ihr seid so zum Staunen, dass kein Mensch es glauben würde, wenn ich alles erzählen würde, was es über euch zu erzählen gibt. Weil ihr in jedem Sinne des Wortes fantastisch seid.

Und euch anderen, die ihr das hier lest und die ihr nicht meine Kinder seid? Euch bin ich auch sehr dankbar. Ich danke euch für eure Freundlichkeit und Rücksichtnahme. Ich danke euch für eure Geduld. Vielen Dank.

Und allen, die das hier lesen – und besonders meinen Kindern –, möchte ich sagen: Ich hoffe, ihr wisst in eurem tiefsten Herzen: Ihr seid großartig. Ihr seid fantastisch.

Ihr seid mutig und voller Liebe.

Ihr seid so schön wie der Mond.

Pat Rothfuss
Juli 2023

P. S. Wenn ihr euch für das Material interessiert, das ich in diesem Nachwort dann doch nicht verwendet habe: Einiges davon werde ich in meinem Blog veröffentlichen, den ihr unter der Adresse *blog.patrickrothfuss.com* findet.

Vieles wird vermutlich eher auf dem geistigen Kompost landen, aber einige schöne Stücke möchte ich auf diese Weise aufbewahren. Wie zum Beispiel die Geschichte, wie *Der Blitzbaum* damals entstand und schließlich dieses Buch daraus wurde. Auch einige Anekdoten zum Thema Titelfindung und Textrevision und Erörterungen über bestimmte

Fantasy-Geschichten haben durchaus Bestand. Aufbewahrenswert erscheinen mir auch einige Abschweifungen über Robert Frost, Spoiler und den Sinn und Zweck der Kunst …